JN408807

집사랑

이 석 락 제7시집

청 옥

집사람

이석락 詩人 제7시집

초판인쇄 | 2015년 1월 25일
초판발행 | 2015년 1월 30일

지은이 | 이석락
펴낸이 | 최경식
펴낸곳 | 도서출판 청옥문학사
기획처 | 문화마을

등록번호 제10-11-05호
사무실 | 부산시 동래구 명륜로 396-38
전화 | 051-517-6068
E-mail | kyu500@hanmail.net

ISBN 978-89-97805-28-0
정가 | 10,000원

시인의 말

토라지고 체념하고
가난을 견뎌낸 37년
집사람
환갑일에
보석도 돈도 꾸며낼 말도 없어
이 시집을 드립니다.

늘 동생처럼 이끌어주시고
이번에 발문까지 써 주신 백화 장병찬 시인님과
표지 매화를 치시고 제호를 써 주신
서예가 홍화 박선옥 시인님과
이 책을 엮어주신 도서출판 청옥문학사
시인 청록 최경식 발행인님 고맙습니다.

갑오년 12월 14일 (양력 2015. 2. 2.)
집사람 생일 아침 이석락

●● 목 차

■ 제 1 부 여는 글

■ 제 2 부

집 사람

■ 제 3 부 큰딸(맏이)

■ 제 4 부 작은딸(둘째)

■ 제 5 부

큰아들(셋째)

■ 제 6 부

작은아들(막내)

■ 제 7 부

닫는 글

제 1 부

여는 글

아침 꽃밭

그대 그리고 나
강둑 걸을 때는
둘이었는데

그대 순애
그리고 효정, 은영, 상현, 상민
나
셋이다

그대, 그리고, 나,
꽃밭에 모여 사는 꽃처럼
산들바람에 키득거리고
폭풍에 부둥켜안고 견딘다

그대, 심장이 뛰면
그리고, 얼굴에 꽃이 피고
나, 손발에 피가 돌아
한 줌 햇살에 배부르다

꽃밭에 차 한 잔 있으면
그대, 그리고, 나
우주로 날아가는 나비, 꽃, 구름.

–부산문학 제47집, 2009년.

참사랑

소소리바람에 꽃잎 진 자리
집사람의 입술연지 묻었다
바람은 먼 데서도 날아와
입술 자국에 남은
온기에 입 맞추고 간다
보이지 않아도 나를 감싸 주는 온기
바람은 알고 있었구나

용광로처럼 뜨겁기보다는
내 피만큼 따뜻한 것
가만히 생각할 것도 없이
먼 길 손잡고 덥혀주는 것
그래,
꽃잎 자리
겨우내 덥혀
이 봄
하얀 꽃.

-한국아파트신문 2014. 4. 30. 제15면 시가 있는 풍경.

장미원薔薇園 1

사랑하는 마음은
겨울에도 자란다

북풍에 양은 냄비 때구루루 구르면
옷 하나 더 껴입고
아이들이 웃는다

아침 까치 다녀간 감나무에
날마다 밤마다 하늘나라 기별
햇빛 타고 오신 아버지 산수유 가꾸시고
달빛 타고 오신 어머니 장미 향기 가꾸시네

하늘에서도
밤새워 설빔 지으시는 어머님께
아버지는 삼국지를 읽어 주신다는데
아무것도 받지 못하는 집사람 웃기만 하네

꽃향기 흔드는 아이들 조잘거림
여기가 하늘나라
하늘나라 뜰에는 사철 움이 튼다.

–오솔길, 2010년 도서출판 한솜.

장미원薔薇園 2

내 다시 피고 싶어
나무 심고 꽃을 가꾼다

나무 해마다 자랄 때
아이사타阿耳斯它* 옛터에서
별나라 사람 만나고 오는
동산 위
구름이 되는 것이다

꽃 해마다 필 때
달맞이꽃 이슬 흔들 듯이
집사람 뺨에 스치는
산들바람이 되는 것이다

나는
마른 마음에도 뿌리내려
한 줌 뿌린 비에 봄꽃이 가을에 열매 되고
한 줌 햇살에 가랑잎도 웃더라는
아빠 엄마 이야기를
아이들 밥상에 올리려고
봄마다 다시 태어난다.

*아이사타: '三聖記全 하편'에서 말하는 인류의 조상 나반那般과 아만阿曼이 만난 곳. 天海(바이칼호수) 부근으로 추정.

-오솔길, 2010년 도서출판 한솜.

그대를 간직하고 있어요

아침 해가 붉은 것은
가을 들판에 여무는 곡식 때문이 아니라
그대 찾아 나서는 내 마음이 붉은 탓입니다

아침 해가 매일 뜨는 것은
우주의 법칙 때문이 아니라
그대 찾아 매일 헤매는 내 마음 탓입니다

내일 해가 뜨지 않거든
오늘도 그대 만나지 못한 내 마음이
지치고 지쳐 쓰러졌음을 짐작하세요
영영 해가 뜨지 않거든
내 마음이 다시는 일어나지 못했음을 짐작하세요

쓰러져 있어도
내 마음은 그대를 간직하고 있어요
하늘에서도 내 영혼 그대를 고이 간직하고 있어요.

가을 세레나데

해가 서산에 걸렸는데
이른 새벽부터
당신은 거기 서 있네요
온종일 가을걷이만 생각했나요
보름달 질 때까지
달빛에 반짝이며
개나리 울타리와 소곤대던 도랑 물
오늘도 못 보셨나요

여기 오세요
졸졸졸 밤이 흐르는 소리
강낭콩 잎에 손짓합니다
밤마다 살아나는 장미 향기
나비처럼 당신에게 날아갑니다

여기 오세요
커피 물이 끓고 있어요
큰 마을까지 가서 맥주도 가져왔어요
가을걷이 잊고
감나무에 걸린 별들의 노래 듣다가
내 눈 속에 잠들어요
날이 새면 또 거기 서 있어야 하잖아요.

— 그곳에 내가 있었네. 2007년 도서출판 자유문예.

달빛

불을 꺼도 환하다
벽에 붙어 내 흉을 보던 옷들의 키득거림이
반사광反射光에 흔들린다

빛을 찾아 마당에 내려서니
오른쪽이 이지러진 열이레 달뿐
지붕 사이로 트인 하늘에 별이 서너 개

벽은 달빛을 빨아들이고
내 머리는 흰 벽에 검은 공을 그린다
흐릿한 쇳조각이 배시시 웃고
유리창은 이리저리 달빛을 튕긴다
60호* 글자가 더듬는 말은 겨우 알겠고
차려입은 옷 색깔은 볼수록 아련하다
달빛 받은 손금은 세 가닥
손톱마다 부연 쌀뜨물 냄새가 난다

달빛은
어느 별 비단인지
손등 달빛에는 손뼈가 만져지고
사과 껍질 달빛에는 사과 냄새가 나도
집사람 가슴에 앉은 달빛은
항아姮娥* 첫사랑인가
개나리꽃 어우러진 강둑으로 간다.

*60호 글자: 컴퓨터용 글자 크기 지정, 가로세로 1.5cm 정도.
*항아: 月宮姮娥, 嫦娥.

–한국아파트신문, 2010. 5. 26. 제15면 시가 있는 풍경.

속손톱* 달

도시에는 밤이 없다
비 오고 어두워도 변소각시*가 없다

꽃나무도 잠든 새벽 뒷간 길
누가 마당 반쪽만 하얗게 칠해놓았나

하늘에는 음력 25일 하현달
여기 하나 저기 하나 연달아 하품하는 별

자세히 보면 얼기설기 빨랫줄 그림자에
둥그런 내 머리, 그림자놀이하던 내 손가락

옆집 거실 등이 그늘진 유리창에 기어오르고
달빛은 마당에 내려앉은 불빛을 쓰다듬는다

달빛이 쓰다듬는 고운 손을 보고 싶다
고운 사람 가슴에 달빛을 담아주고 싶다

달빛에 입맞춤 나가자고 집사람을 깨우니
잠이 안 오면 숫자나 세어라, 돌아눕는다

어두울수록 소곤소곤 가까이 오던 별
개골개골 첨벙 논두길 따라오던 달

밤이 없어도 달이 있구나
세월이 흘러도 별이 있구나.

*속손톱 [속:쏜—]: 손톱의 뿌리 부분 밑에 있는 반달 모양으로 된 하얀 부분.
*변소각시: 측신, 측간신, 남 선비의 본처와 그의 아들 7형제(이복 남매)를 죽이려다 발각되어 변소로 달아났다가 변소에서 죽어 측신이 됨. 측신은 변소에 앉아서 늘어뜨린 머리카락을 세고 있다가 자기를 본 사람에게 세고 있던 머리카락을 뒤집어 씌워 죽임. 변소에 갈 때는 헛기침을 하여 변소각시가 피할 여유를 주어야 함. (제주도 무당놀이 본전풀이)

–한국아파트신문 2009. 8. 26. 제15면 시가 있는 풍경.

항아

하얘서 하얘서
항아는 피가 푸르다

경주 옥돌을 다 모아
항아를 만들었다

성큼성큼 걷는 저 옥돌은
그늘에서도 빛난다

뒤뚱뒤뚱 흔들림도
실버들보다 가볍다

밤마다 달빛 모은 남산 옥돌은
낮에도 푸른빛만 뿜는다

하얘서 하얘서
항아는 피가 푸르다.

–문화와 문학타임 2011년 여름호.

첫 키스 추억

기억이 없는 키스는
키스가 아니라 하자
소설에서 배운 대로
영화에서 배운 대로
첫 키스가
칼날 같았는가
얼음 같았는가

부드러운 입술이
촉촉한 혓바닥이
심장 어디를 찌르던가
끈적이는 자국에
향기가 남던가
시인은 어디서 무지개를 보았는가?

–한국아파트신문 2011. 7. 20. 제15면 시가 있는 풍경.

사랑은 보이지 않는다

어제 아침 연둣빛 은행잎이
오늘 아침 설익은 단풍으로 떨어졌다
언제나 나뭇잎은 보는 순간에 변해 있다
단풍이 천천히 온다는 것을 확인하려고
잎줄기에 표시해도 매일 아침 변함없다가
한눈판 뒤에야 알 수 있다

사랑은 안개에 가려있다
희미한 것이 사랑일까
순간순간 계량해도 알 수가 없다가
헤어진 어느 날 갑자기 보인다
새벽녘 부스스한 머리카락에
마당을 쓸고 설거지하는 것에
사랑이 있었음을 모른다
투덜대던 음성에, 무성의한 몸짓에
사랑이 자라고 있음에도
그 사랑, 알아본 사람이 있었던가

안개는 헤어진 후에 걷히고
사랑 떠난 자리
짙어가는 향기만
가시로 남아 있다.

-그곳에 내가 있었네. 2007년 도서출판 자유문예.

우리 사랑 은하수 된다

물결이 너울대는 것은
사랑이 간지러워
비비 꼬는 것이고
흐르다가 멈칫대는 것은
사랑이 무거워
비틀거리는 것이다

사랑도 너울너울 멈칫멈칫 흐른다
좋아서 마주 보다가 토라져서 돌아서다가
흘러 흘러 은하수에 닿는다

너와 나
먼 산 보다가
한 번씩 흘겨보아도
그것이 은하수에 닿아서
출렁이는 사랑이 된다.

깊은 산길

개울 따라 깔아놓은 골짜기 들판에
작은 마을 이어지고
골짜기 따라
첫돌 맞이 호기심이 숲 속으로 간다
외딴집 돌담에 호박 넝쿨 있을까
외딴집 지나가면 다시 외딴집
드문드문 외딴집을 재잘재잘 개울이 이어준다

한 마장 가다가 김밥 한 줄
다시 배가 고프면 피자 한 조각
봄볕에 목이 타면 커피 한 모금
꽃에 앉으려는 나비와 놀다가
혼자는 외로워 둘이 손잡고 가보고 싶다

바람 부는 나무 밑
작은 바위에 나란히 앉아
아까시나무 꽃 냄새에 취해 있을 때
골짜기 끝은 어디일까
신혼 초 분홍 원피스 입은
집사람과 손잡고 걸어 보고 싶다.

사계절

사랑 하나 심어 봄이다
그 잎이 하늘 덮어 여름이다
잎 지고 씨앗 남아 가을이다
그 씨앗 품으면 겨울이다

캄캄한 겨울
겨울은 엄마 뱃속이다
우리가 씨앗에서 나온 곳이다.

–그대 그리는 강. 2008년 도서출판 한솜.

멍에

걸음마를 하다가 넘어지네요
찡그리고 우는 저 얼굴 좀 봐
너무 예뻐요

그럼, 그럼, 낳기를 잘했지

부러뜨린 종아리뼈 수술 마취 풀리니
긴 밤을 반듯이 누워서
아빠 손 움켜쥐고 성한 발뒤꿈치를 잘잘 끌며
이를 악물고 우네요

낳지 말아야 했는데

하늘의 섭리에 잘못은 없네
다른 데서 태어났으면
지난밤의 고통을 100년이나 견뎌야 하네

이제 저 아이를 어떻게 할까요

셈을 하려면 기다려야지
지나간 것이 작게 보일 뿐
기뻤던 만큼의 괴로움이네
저 아이 당장 뛰어나가
기쁨도 괴로움도 다시 줄 거야
셈은 죽을 때 끝나는 거야.

시작詩作 note

대학생이 오토바이 사고로 다리뼈가 부러져 입원했습니다. 수술받은 날 밤, 병상을 지키던 엄마는 집에 가고, 아빠가 교대를 했습니다. 수술할 때의 마취가 풀리고 몰려오는 통증에는 야간 당직의사도 손을 쓰지 못하였습니다. 이웃 병상의 환자들과 간병인이 모두 선잠을 자고 있으니 소리를 지를 수도 없지요. 통증은 심하여져서 이를 악무는 것만으로는 감당할 수 없어 성한 다리를 잘잘 끌어당겼다가 펴는데 얼굴은 땀투성이였습니다. 아빠도 아들의 통증을 덜어주지 못하여 죽고 싶어 하였으니 엄마가 보았으면 실신했을 것입니다. 세상의 계산은 공평하지요. 그때의 아픈 마음만큼의 기쁨을 엄마는 이미 받았던 것입니다. 아들 역시 키워준 은혜를 죽는 날까지 갚아야 합니다.

–월간 주택관리사 2007년 12월호.

봄이다

그게 어제였지
맞아 어제야
풀씨가 가을이 춥다고 땅속으로 기어들었지

땅속이 이렇게 더울 줄은 몰랐어
옷을 하나씩 벗어도 자꾸 땀이 나는 걸

여기는 너무 더워
바깥을 조금만 내다보자, 그래그래
시원해, 시원해
고개를 내밀어 봐

아, 봄이다.

–햇살 드리워진 창가에 서서, 2007년 도서출판 한솜.

제 2 부

집사람

미인도 1 (맞선)

사랑에 빠지면 100%가 120%로 보인다
맞선을 보면 100%가 80%로 보인다
100%란 무엇인가
항아나 아르테미스만큼이다
맞선에서는 60% 마음에 차면 더 바라지 마라 한다

맞선에 나온 집사람은
수수한 옷차림에 웃지도 않고
예쁘다고 들었던 얼굴은 조금 괜찮았을 뿐
가정도 나보다 좋아서 80%였다

집에 와서 곰곰이 비교하니
85%라고 생각했던 처녀보다 예뻤다
85%였던 처녀가 80%인 집사람보다 왜 못할까
친구들의 아이들은 학교에 다니고 있으니
움켜잡지 못한 처녀들이라 크게 보였던 것이다

나보다 우수한 총각들을 거절한 처녀가 있었다
동료 아가씨들이 모두 말했다
인기가 치솟던 그 아가씨보다 훨씬 낫다고.

미인도 2 (미적 감각 변화)

예쁜 여자가 좋다
날씬한 여자가 좋다
하얀 살결이 좋다
상냥한 여자가 좋다
재치 있는 여자가 좋다

초등학교 때 통통하던 아이
중학교 때 청순하던 소녀
고등학교 때 보살상 같던 소녀
총각 때 버들가지 같던 처녀
제일 예뻤다

살면서 그들의 모습도 변하고
살면서 내 취향도 변한다 하더라도
살면서 변한 그들의 얼굴이 집사람보다 못하다
그 사람들 나이 때의 집사람은
그 사람들보다 예뻤던 것이다.

미인도 3 (자연 미인)

사람들이
집사람에게
쌍꺼풀 수술하였느냐고 묻는다
코 수술 하였느냐고 묻는다
귓불이나 턱 수술하였는지 궁금할 것이고
입술이나 입 크기를 줄였는지 궁금할 것이고
백인 피부를 이식하였는지 궁금할 것이고
광대뼈 수술하였는지 궁금할 것이니
이것저것 분주하게 묻지 말고
한마디로
서시西施* 아니냐고 물을 것이지

성형수술하였느냐고 묻는 이가 많아서
집사람은 성형수술한 사람이 싫다 하였지만
나는 알지
성형과 의사 다듬는 기술보다
장인 장모님 만드는 기술이 낫다는 것을
나는 알지
인공미가 자연미를 따라잡는 것을
집사람이 싫어한다는 것도.

*浸魚 西施 : 중국 춘추시대 越나라 미녀 西施 Hsishihh.

미인도 4 (사진발)

집사람의 실제 얼굴과 사진을 대조한다
옷 모양이나 색깔은 집사람 것인데
집사람과 찍은 사진에 집사람이 없다
사진에는 집사람의 그림자만 남았다 할까
어느 때 어느 사진에도
실제 얼굴을 본뜬 밑그림뿐이다
사진에 나타나는 그림은
잘난 얼굴만 믿고
뇌물을 주지 않은 왕소군을
심술 난 모연수*가 그린 그림이다.

*모연수毛延壽: 가난하여 뇌물을 주지 못한 낙안落雁 왕소군王昭君을 추녀로 그린 죄로 한나라(前漢) 元帝에게 참형을 당한 궁중 화공.

미인도 5 (특별 사랑)

처고모님들이 처제 몰래 집사람만 데리고 다녔다
할머니 허락 없이 외출할 때 방패막이이기도 했고
친구들에게 자랑하고 싶기도 했을 것이다
조카들을 다 데리고 나서면
놀지도 못하고 감시할 능력도 없으니
귀엽고 자랑스러운 하나만 몰래 데리고 갔다

집사람은 맏이이기도 하지만
장모님을 꼭 닮아
장인어른에게 차별적 사랑을 받았다
사진에 남은 장모님 모습을 보고
장모님보다 집사람이 더 예쁘다 하니
장인어른은 집사람보다 장모님이 예뻤다 하셨다
장모님도 사진발은 약했는가 보다.

미인도 6 (한눈에 반함)

처가 친척들이 집사람이 예쁘다고 한다
고향에서 내려온 대소가 손위 처남은
빨간 외투를 입은 초등학생이었던
집사람을 처음 봤을 때 이야기를 자주 한다
장인어른은 술을 하시면 거리낌 없이 딸 미모를 자랑하셨다
장모님이 미인이었다는 말을 처 외숙부께 들어서
장인께 장모님이 집사람만큼 예뻤냐고 물으니
장모님이 더 예뻤다고 또 자랑하셨다
처가 쪽에서 사위에게는 관례상 그럴 만하다

우리 집 먼 일가들이
집사람에게 넋이 나간 경우도 여럿 있다
가까운 친인척 중에도
집사람에게 넋이 나간 경우도 여럿 있다
친구 중에도
집사람에게 넋이 나간 경우도 여럿 있다
중학생이었던 생질 친구까지도
집사람을 보고 걷다가 실족한 일이 있다
내 혈족들이 하는 말은 관례상 말이 아니다.

미인도 7 (사랑의 느낌)

소설에서 배운 것을 경험에서 확인한다
백옥 같은 속살
말랑말랑한 촉감
손바닥의 온기

소설에서 배우지 못하여 낯선 것이 있다
손금의 묘함
발바닥 모양과 발가락의 조화
복숭아뼈의 예술

출근길 구두 신다가 눈에 들어온
집사람의 맨 발등
새벽 서리 덮인 듯 하얗다
투명한 살갗에 파란 핏줄이 보였다
이렇게 고운 것도 있나
나도 모르게 집사람 발등에 키스하고
집사람은 내가 졸도한 줄 알았다가
가슴을 쓸어내리고
나는 통근차를 놓칠 뻔했다.

미인도 8 (40년 전 여고생)

통학 열차 끝자리에 벚꽃같이 앉아서
조용히 뜨개질하는 여고생이 있었다
졸업장이나 받아오라는 부모님 성화 때문에
먼 학교길에 나선 듯
수다도 없고 책을 편 적도 없는 그를
나는 교과서를 외우면서 훔쳐보았다

고등학교를 졸업한 해에
포항 해수욕장 변두리 백사장에서
하늘색 고운 원피스를 입고 택시 잡는 여자가 있었다
하이힐 탓인지 엉덩이를 약간 빼고 걸었지만
하얀 얼굴과 부티 나는 모습이
통학하던 그 소녀 같았다

조금 긴 네모 얼굴에 턱이 V 자를 이룬 얼굴
감색紺色 교복에 흰 목깃이
하얀 듯 볼그스레한 피부를 도드라지게 했다
조화로운 눈과 코, 입과 입술의 귀티
산호혼식珊瑚婚式*인 해에 집사람 얼굴을 보니

그때의 그 소녀다
환갑이 가까운 집사람의 얼굴이 그때의 그 소녀이니
집사람이 그 소녀의 나이였을 때는 훨씬 예뻤지.

*동 혼 식 : 15주년
자기혼식 : 20주년
은 혼 식 : 25주년
진주혼식 : 30주년
산호혼식 : 35주년
벽옥혼식 : 40주년
홍옥혼식 : 45주년
금 혼 식 : 50주년
회 혼 식 : 60주년

미인도 9 (어린 공주)

초등학교 5학년 무렵
부전초등학교에서
동천을 건너기 전 삼거리에 있던 문구점
문구점 주인이 좀 모자랐는지
하교 때는 늘 가게 문 앞에 있다가
집사람에게 과자를 주겠다고
방에 들어가자고 했다 한다
하루 세끼 먹는 것이 어려웠던 시절인데도
처가는 바나나 송이 채 사다 먹던 집이었으니
집사람은 과자에 굶주린 것도 아니었고
아저씨가 이상하게 보여
매번 아저씨 손을 뿌리쳤다 한다.

미인도 10 (취한 사람)

한복을 입고
서면 로터리에서 버스를 기다렸다
집사람은 집에 가는 길이 신이 나서
나에게 회초리로 장난을 거는데
술 취한 사람이 다가와서
집사람에게 자기와 같이 가자고 한다
술에 취해도 분별은 있고
자기보다 젊은 남자가 두려울 것인데
젊은 남자와 같이 있는 여자에게 수작을 거니
그 신사는 술에는 취하지 않고
집사람의 미모에 취한 모양이다.

미인도 11 (이쁜 누나)

처 고종인 처남 하나는
순애 누나라 하지 않고
이쁜 누나라고만 부른다

처 외가 처남은
누나가 예쁘지요 하고
나를 만나면 누차 묻는다

회사 동료들 사이에서
집사람이 예쁘다는 말이 오가는 중에
무심코 보통 얼굴은 넘는다 했더니
"아이구 아주 예쁜 편이지요."라고 다시 칭찬하여
듣기는 좋았으나
겸손하지 못한 말실수에 무안하였다

친구 하나는 제 친구에게 나를 소개할 때마다
내 집사람 미모부터 소개하지만
민망하여 맞장구치지는 못해도
그렇지 않다고 할 수도 없다.

미인도 12 (눈이 머무는 곳)

가까이 있으면 집사람 얼굴을 찬찬히 살핀다
집사람은 왜 보느냐고 하고
나는 마누라 얼굴도 못 보나 한다

길가에 게워 놓은 토사물은
피하려고 얼핏 볼 뿐
꽃이라면
꽃망울에서부터 마른 꽃잎까지 찬찬히 본다
꽃은 올 때부터 갈 때까지
어째서 줄곧 예쁜지 궁금하기 때문이다

내 자식은 못나도 자세히 본다
볼수록 귀엽다
마누라는 예뻐서 자세히 본다
볼수록 고맙다.

집사람 1

작은아버지와 장인은 친목회 회원이었다
맞선에서 싫다는 말을 아무도 하지 않았고
혼수 화장품 고르면서 성격차이가 보여도
29세 노총각이 23세 처녀와
파혼할 까닭은 되지 않았다

맞선 후 두어 번 만나도 평범하던 얼굴
신혼여행 버스 집사람 옆모습
오뚝한 콧날, 고운 입술선, 속눈썹
입 맞추고 싶어서 침만 삼켰다

동료들이 예쁜 색시라고 칭찬하고
도로에서 공원에서
집사람에게 넋을 잃은 사람 보면
여자를 보는 눈이
사람마다 다르다고 생각하면서도
나도 덩달아 집사람을 힐끔힐끔 보았다.

집사람 2

네모 난 검은 가방을 수출품이라고
우쭐대는 남자를 따라간
이름 없는 동네가 어떻게 신혼 여행지인지

여자가 사용법을 궁리할 때까지
욕실 수도꼭지도 못 틀더니
남해읍 최고 호텔이라고 거드름 피우는 남자

호텔 이용법을 몰라 식사주문 못 하고
양고기 불고기로 체면을 세우려는 남자

호텔에서 바다까지 길이 멀다고
남해중학교 교문 앞에서 증거나 남기자고
우쭐대던 고정자산 1호 팬탁스 카메라로
사진 찍고 돌아서는 남자

부산 서면 명사인 아버지가
어째 이런 남자를 골랐는가 한심했을 것이다.

집사람 3

내 앞에 덤덤히 서 있던
산 하나 있었지
누가 갖다 놓았을까
그냥 옆에 있을 뿐인 산이라 했지

개나리꽃 피던 봄
더위 식혀주던 소나기
매미 소리 요란하던 가을
눈 내리는 긴 겨울밤도 함께

그러고, 그러고 지내던
산 하나 있었지

이제
앞이 탁 트여
먼~먼~ 바다 보이는데

먼 하늘 보고 서 있던
산 하나 없어졌네
거센 바람 따가운 햇볕 막아주던
산 하나 없어졌네

來生에는 만나지 않을 듯
한숨만 쉬고 있던
산 하나 보이지 않네
보고 또 보아도 보이지 않네.

-자유문예 2005년 9~10월호.

집사람 4

꿈이었음이 다행이다
꿈이었기에 돌아올 수 있었다
꿈에서 깨었음이 다행이다
꿈에서 깨었기에 집사람이 있음을 알 수 있었다

아방궁 주인이 되어 양귀비와 거닐다가도
집사람과 아이들 생각나면
가슴앓이로 주저앉지 않을까
억겁의 인연으로 만났을 이생이
다음 세상인들 남일 수 있을까

나에게 있는 가시, 남에게도 있다
양귀비를 안았다면
양귀비 독에 말라 죽지 않았을까
마릴린 먼로를 따라갔다면
먼로의 가시에 찔려 죽지 않았을까

이 세상에서만 같이 살아준다는 집사람
내게는 짜증 나는 것뿐이라는 집사람
봄풀 같던 연민이 행여 없었을까
아직 우리는 이 세상에 있다.

집사람 5

탁류가 언저리에서 빙글빙글 돌 때
우연히 끝자락 하나씩 엉켜서
소沼를 휘돌아 나올 때 떠내려갔다
가파른 골짜기를 만나 숨 고르기도 못 하였다

쉬엄쉬엄 흐를 때
구름 쳐다보며 가팔랐던 계곡도 생각하고
어디로 가는지도 물어보다가
우리가 엉킨 실타래임을 알았다

막차 타듯 허둥댄 만남이라 해도
엉키고 설킨 매듭을 풀 수도 없어
장맛비 같은 세월이 끝나기를 기다리지만

다음 세상에
솔가지에 걸린 달이 아무리 곱다 해도
이생의 달이 그리워지는
긴긴 밤에는
장미꽃 숨겨진 향기 그리워
두 다리 쭉 펴고 펑펑 울 것이다.

–자유문예 2006년 3~4월 호.

집사람 6

자벌레처럼 쭉 늘어나 버스 출구 기둥을 잡고 서니 의자에 파묻힐 듯 만만하던 아가씨가 전봇대만큼 솟아오른다. 큰 키에 기가 꺾이면서도 그의 뽀얀 손등에서 눈을 뗄 수 없다.

신혼 초, 단칸 셋방 댓돌에 한 발 올려놓고 허둥지둥 구두를 신다가, 양말도 신지 않은 집사람의 발등에 갑자기 입맞춤을 했더니 집사람은 내가 요절하여 자빠지는 줄 알고 깜짝 놀랐다. 발등에서는 가느다란 생명수가 살갗 위로 파랗게 비치고 살갗 아래에서는 농염한 복숭아가 뿜어내는 이슬이나 붉은 사과가 뿜어내는 향기나 젖살이 통통한 아기의 손목 같은 생명을 만드느라고 분주했다. 열효율 100%인 무연공장이 눈처럼 차갑지도 않고 풍선처럼 허전하지도 않으면서 젖가슴처럼 따뜻하고 말랑말랑한 생명을 만들고 있었다. 그 공장은 눈 깜빡하는 사이에 30촉 전구처럼 생기 없어지고 다시 한 번 깜빡이고 나면 곱던 피부가 스스로 세상에 미련을 버릴 기름 닦은 걸레가 된다.

집사람의 뽀얗던 손이 고장 난 내 능력과 무너지는 내 집을 진창에서 끄집어내느라고 탄력을 잃었는데 저 포동포동한 손등을 만져보고 싶다는 것은 아직 내가 기름걸레가 되기에는 이르다는 것인지 지옥행 표를 예매하는 것인지 모르겠다.

–자유문예 2007년 5~6월 호.

집사람 9

내일 아침 암병동에 입원하는데
밤새 잠시라도 편한 잠에 들 수 있을까
선잠 악몽으로 긴 밤을 보내지 않을까

사는 것에 집착이 큰 사람
치료술 수준이 어느 정도일까
내 병은 치유가 쉬운 것일까
완치 기간을 무사히 보낼 수 있을까
치료 고통은 심하지 않을까

무슨 일이 있어도
살아야지 살아야지
힘없는 얼굴색에
숨 쉬는 모습도 힘이 없다
집사람의 헛잠이 나의 잠을 빼앗는다.

집사람 7

생글생글 봉오리 맺었다가
포동포동 가슴을 열면
우윳빛 살 냄새
벌 나비 모여드는 장미에
5월은 끝이 없으리

꽃잎에 다가서면
태양은 나를 중심으로 돈다 내가 여왕이다
콕콕 찔러도
향기에 취한 사람들
아린 가슴 누르며
가시는 장미의 자존심이라고
씁쓸히 웃는다

오뚝이처럼 살아나고 질경이만큼 질겨서
꽃샘바람 넘기고 황사 비 이겨도
장미에 가을이 오는구나
방글방글 내 아이들
푸른 꿈을 마중할 수 있을까

살가운 바람 불어와도
쌓인 먼지 씻지 못하고
한 잎 또 한 잎
마른 잎을 털어낸다.

-자유문예 2008년 5~6월호.

집사람 8

바람은 강을 건너고
달은 물결 위에 눕는다
갈대 흔들려
낮에 울던 물총새 소리 걸어 나오면
달맞이꽃에 맺히는 이슬

하얀 강물에 튕겨 오르는 달빛
밤은 흐르고
웨딩드레스 그대 춤춘다

보릿고개 넘던 엄마의 한숨이
춤추며 바다로 가는 길
뙤약볕에 하루살이 아귀다툼
일탈逸脫의 꿈도 강에 던지자

얼음판의 김연아*처럼
달빛 튀는 물 위를 휘돌다가
달빛 덮고 잠든 아스라한 마을
개 짖도록 걸어보자

출렁이는 달빛이
우리의 아픔도 기쁨도 섞어서
강둑에 입 맞추며 산모롱이 돌아간다

내일이 오는 길목
손잡고 가자
바다가 보인다.

*김연아: 올림픽 피겨 스케이팅 금메달리스트, 한국 대표 선수.

–부산문학 2008년(제46집).

집사람 10

집사람 대신 노점을 보면서
깊은 잠에 떨어질까 조바심을 내면서
눈을 감고 가랑잎 구르는 소리 듣다가 잠이 든다
눈을 감는다는 것은
아무것도 생각하지 않겠다는 것
잠이 든다는 것은
세상에서 놓여나고 싶다는 것
자면서 숨을 쉬는 것은
노점을 떠날 수 없어
다시 세상으로 오겠다는 것
머리숱이 줄어들고 이명이 심해도
아직은 집사람을 떠날 수 없어
바람 소리에 눈을 뜬다.

집사람 11

눕고 싶은 몸을 이끌고
하루 일을 마치려고 걷는 길에
시든 나뭇잎조차 맨발로 나와
그래도 살 만한 세상이라고 손잡아 준다

내 어린 날
심한 몸살로 무거운 책가방 들고
작은 바람에도 넘어져 눕고 싶어도
아득히 보이는 집 쪽으로 터덜터덜 걸었던 것은
쉴 곳이 집밖에 없었기 때문인데

암 투병 중에도
웃으며 일하는 것은
웃으며 흘린 땀이 밥알 되어
가족에게 한세상 버티는 힘이 되고,
알 수 없는 내일을 버리지 못하기 때문에
손등에 촉촉이 김이 서리고
가로수 잎이 더위를 먹을 때에도
산등성이 푸른 솔 보고 있다가
지나가는 사람 마주치면
생긋생긋 웃는다.

집사람 12

밤새 꾸벅꾸벅 졸던 비가
새벽 닭 울음소리에 놀란 귀신처럼
화들짝 일어나더니
새벽 배달하는 집사람에게 달라붙었다

싫다고 싫다고
매정하게 비옷을 입고 나서니
속살 못 만지는 화풀이로
얼굴이며 입술에 키스를 퍼붓는다
바람과 속닥속닥 옷을 벗기려고
집사람 손과 발을 만지며 따라다닌다

새벽 배달 마치고 대문을 들어서니
맥 빠진 비가
안개까지 데리고 갔는지 뒷산도 말끔하다
비가 주무르던 곳이 스멀거린다고
집사람은 샤워를 하고
창 너머 활짝 웃는 나뭇잎을 본다.

제 3 부

큰딸(맏이)

첫돌 축시

은설이는 세상의 다이도르핀*

–외할아버지가 은설에게

우리 아기 은설이는
하나님 심부름으로
비 그친 봄풀에 내리는 햇살처럼 왔다

금빛 산도 바다도 봄의 왈츠도
겨울의 긴 휴식까지도
아빠 엄마가 물려주는 세상을
밝게 가꾸라고
하나님이 우리 아기에게 내리셨다

하나님은
사람들이 부러워하는 것에 욕심내지 말고
이름을 남기려고 천한 일만 골라서 하지도 말라고
새벽이면 산새들을 보내 말씀하신다
세상에 있는 것은 모두 하나님이 보낸 것
어느 하나 귀하지 않은 것이 있느냐
우리 은설이는
마른 땅을 적시는 빗물같이
봄을 봄으로 만드는 벚꽃같이
세상의 다이도르핀으로 하나님이 보내셨다.

*다이도르핀didorphin: 사랑에 빠지거나 선행을 하거나 연구 개발 발명으로 감동 받을 때 생성. 엔도르핀endorphin의 4,000배 효과.

시작

-대학을 졸업한 큰딸에게 2001. 6. 16

모처럼 해갈된 땅
촉촉한
금정산* 흙냄새가
온몸에 스민다.

둘러볼수록 아늑한 교정.
여기저기
내 발자국이 암각처럼 남았는데
누가 알아볼까
내 발자국.

이슬처럼 사라지지는 않으려고
여기까지 왔는데
이룬 것은
콩알만 할까, 팥알만 할까
그래도 남은 날이 많고
어려울수록 얻을 것이 크니
나는 행복하다.

밤을 지새우고
낮을 다해
무엇이든 할 수 있다.
철없이 지나간 시간은
살아야 할 많은 날을 위해
길을 밝힐 것이니
이제는 더 잘할 수 있다.

가슴을 펴고
솟아오르는 해를 보자.
나는 그
해다.

나는 나를
위대하게 하리라.

*부산대학교는 금정산 산자락 장전동에 있음.

강한 의문

잠이 깨면 누워 있지도
앉아 있지도
않는다
좁은 반경을 쉼 없이 오락가락

왜 그러는지 알 수 없다
아무것이나 쥐어뜯고 부수고
무엇을 하려는 것인지
돌쟁이 머릿속에 들어가 보고 싶다

나도 돌쟁이일 때는 그랬을 것인데
분명한 목적이 있어서 그랬을 것인데
지금에는
왜 그랬는지 알 수 없다
밤 내 궁금해도
그때로 돌아가야 알 수 있겠는데
돌아갈 방법도 알 수 없다.

–한국아파트신문 2014. 10. 15.

잠버릇

서는 것보다는 앉는 것
앉는 것보다는 눕는 것이 편하다
반듯이 누워 팔을 허리에 붙이는 것이 가장 편하여
저승길에는 반드시 그렇게 묶어준다
반듯이 누워도 허리 다리가 내려앉아
왼쪽 오른쪽 뒤채어도 녹작지근하다
긴 세월 쓰던 뼈와 살이 닳고
피가 폐유처럼 되어서 그렇다 하더라도

맑은 피가 한창 잘 도는 돌쟁이 외손녀가
머리며 팔다리를
이쪽 벽에 쿵, 저쪽 벽에 쿵
밤새 뒤채며 자는 것은
앞으로 세상에 부딪칠 연습을 하는 것이다

바로 눕고 모로 눕고
엎드리고 뒤채는 것이
어른은 닳은 부품에 기름을 바르는 것이고
아이는 새 부품에 질*을 내는 것이다.

*기구의 작동이 부드러워지도록 미리 기구를 사용하는 것.

넉 달 차이

오빠는 동생 은설이보다
앉은 모습도 안정적이다
기어가는 행동도 빠르다
물건을 움켜쥐는 동작도 날렵하다
손가락으로 물건도 찔러본다

동생은 오빠 서진이보다
앉은 모습도 불안정하다
기는 동작도 느리다
천천히 손을 뻗어 물건을 잡는다
손바닥을 펴서 물건을 두드린다

오빠는 생후 14개월
동생은 생후 10개월
넉 달 차이가 나도
오빠는
넘어지는 것을 겁내어
혼자서는 일어서지 않는다
오빠는 걷지 않았다

동생은
두려움 없이
일어서면서 돌아서려다가 넘어진다
넘어진 자리에서 다시 일어선다
동생은 세 발 옮기고 넘어졌다.

별나라 말을 먼저 가르쳤나

돌 지난 은설이가 전화를 한다
전화기는 볼펜 심 포장 용기임에도
MADE IN U.S.A라고
불빛을 튕겨내며 한껏 뽐내고 있다
지구에서는 미국이 으뜸이라는데
우주에서는 어디가 으뜸일까
은설이가 뒤뚱뒤뚱 걸으며 한참 동안 하는 말은
영어도 중국어도 아니고
우리말은 더욱 아니다

한국의 재빠른 젊은이들이
우리말은 못 해도 괜찮다고 영어에 돈을 쏟아붓지만
내 딸은 더욱 재빨라서 영어조차 우습게 알고
우주에서 으뜸인 다른 별나라 말을 가르쳤나 보다
래를래를 아끄…다따 음마 래를래를…

우리말은 못 해도 다른 별나라 말을 저렇게 잘하니
교습비敎習費로 재물도 숱하게 날렸겠다
우리 역사는 몰라도 서양사는 알 것 같다
지구 역사는 몰라도
다른 별나라 역사는 꿰뚫고 있겠다

말도 안 하면 녹슬고
아는 것도 덮어두면 잊는단다
똑똑한 내 딸아
말이 정신이니 우리말부터 가르치고
잘 안다는 우리 역사도 곱씹게 하여라.

끝없는 기초공사

은설이는 처음부터 바쁘다
잠시 쉬면 좋으련만 쉬지 않는다
자라는 단계마다
짧은 팔다리를 휘젓고
펴지도 쥐지도 못한 주먹으로 보이는 것을 두드리고
벽이라도 짚고 돌아다니고
잡히는 것마다 빨고 물고 쥐어뜯는다
장난감은 쓰레기통에 넣고
쓰레기통 속 기저귀를 앞니로 씹어보고
동전은 재물이라고 입에 넣고
사과 껍질은 영양식이라고 씹고
할머니 머리통이건 할아버지 안경집이건 딛고 올라 서고
치맛자락이건 바짓가랑이건 잡고 일어서고
무너지든 쏟아지든 당기고 흔든다

어른들은 하루 먹으려고 낡아빠진 기술로
눈치 보며 어정거리지만
아기는 평생 써먹을 새 기술 개발로
눈만 뜨면 옷을 흠뻑 적시며 바쁘다
넘어진 자리에서 넘어지던 짓을 다시 한다
실패한 일도 무모한 일로 속단하지 않고
다시 실행하여 기초공사를 튼튼히 한다.

방한복防寒服 일습一襲

가지 말라고 가지 말라고
내리라고 내리라고
울며 손짓하는 친손녀가
부산에서 진주 먼 길 내내 눈에 밟혀
일주일 만에 다시 오셨다
지난주에 사오신 겨울옷으로는
이번 주 한파에 걱정이 되셔서
방한모자, 방한 외투, 방한화, 방한 바지
방한복 일습을 사 오셨다

삽화에 나오는 이글루igloo 소녀가 되어
옷값 대신 은설이는 웃음을 선물한다
우후죽순처럼 쑥쑥 자라는 세 살배기
내년 겨울에도 입을 수 있을지
금값보다 높은 유아복 값에
외할아버지는 조금 어지럽구나

외할아버지가 은설이 엄마를
은설이만큼 귀여워하지 못했듯이
할아버지도 은설이 아빠를
은설이만큼 귀하게 보지는 않았을 터
한 대 아래 자식이 더 예쁜가
할아버지도 그것이 이상하시겠구나.

삶의 경외

뒤채지도 못하여 발버둥만 치다가
골똘히 보던 것도 겨우 만지기만 하다가
만지던 것을 쥔 채로 기어가고
벽을 짚고 비틀비틀 부지런히 옮겨다닌다
한순간이라도 편하게 보내지 않는 발버둥에
옷은 눅눅하고
뒤통수에 목에 송골송골 맺힌 땀
다가올 일을 아는 것도 아닌데
100년 삶을 준비하여
힘도 키우고 몸의 균형도 잡는 일이다

100년 삶을 준비했던 아기 때를
나는 진작에 잊었지만
손녀의 몸짓에서 나의 과거를 본다
씨앗에서부터 발버둥 치는 삶의 준비
한시도 쉬지 않는 신체 단련
삶의 위대함은 생식세포의 발버둥에서 시작하고
목숨의 존엄은 아기의 부지런한 움직임에서 온다.

제 4 부

작은딸(둘째)

비 갠 아침

-부경대학교에 입학한 작은딸에게 2001. 6. 16.

햇빛이 맑다.
솟아오르는 갈매기 나래 짓에
뱃고동도 한가롭다.

촉촉이 젖은 땅을 밟으면
황령산 정기가 온몸에 퍼진다.

고개를 들자.
푸른 하늘을 향해
두 팔을 펼쳐보자.

나는 무엇이나 할 수 있다.
먼 길, 험한 일일수록
나는 더 잘
할 수 있다.

앞서 가서 기다리면
한눈팔던 친구들도 따라오겠지.
가서 기다리자.
가서 기다리자.

가슴이 뛴다.
숨을 내쉬고
바다를 향해
뛰어보사.

첫돌 축시

세상의 등불에게
-외할아버지가 서진에게

평생이 천 년이면
첫돌 무렵은 자정을 갓 지난 깊은 휴식 시간
천지만물에 큰일을 하려고
마음과 몸의 바탕을 다지는 가장
소중한 시간

인간의 생물학적 수명이 125년이면
첫돌은 자정을 지난 0시 19분 20초
잘 놀고 잘 자고 잘 싸는 것이
엄마 아빠의 소원
굳이 하나 더 보태라 하면
잘 먹기까지 하는 것

첫돌!
보는 것마다
두드리고 깨물고 씹고 삼키는 것이
왕성한 호기심으로
건강하게 자라는 놀이이구나

엄마 아빠에게 작은 빛으로 왔지만
한 가문을 뛰어넘어
세상을 밝히는
큰
빛이
되리라.

돌잔치

불볕이 하루 일을 정리하는 오후 네 시
예약한 해운대 달맞이고개 식당 '뜰아래채' 로
이벤트 회사에서 보낸 그릇과 소도구에
외할머니가 준비한 첫돌 음식으로
돌잔치를 시작했다

서진이 깊이 잠든 틈에 돌상 준비를 마치려고
바쁘게 병풍 치고 교자상 차리고
서진이를 깨우니 잠투정이 더욱 심하다
울음을 그치는 서진이 단박 약인 과자
'아기볼' 도 숨어버리고
바나나도 교자상에서 촬영대기 상태여서
서진이 행동만 보아도 대치법을 아시는
할아버지께서도 달래느라고 고생하셨다

주인공이 진행자의 말을 듣지 않고 설쳐대니
돌잔치 기념사진 한 판 찍기도 힘이 들었다
잠이 깬 서진이 본격적인 저지레를 시작하고
돌 옷을 입지 않으려고 생떼를 써서
속옷만 걸치고 몇 판 찍다가

교자상 물건에 한눈파는 틈에 호건*을 씌우고
서진이 움직임을 보아가며
순간적인 모습 몇 판 찍고는
'뜰아래채' 의 차림표에서
한식 코스 요리로 만찬을 마치고
떡이나 과일은 외가로 가져가고
외삼촌들과 이모 식구도 외가로 가고
할아버지, 할머니, 삼촌과 서진이 가족은
예약한 숙소로 갔다.

*호건: 조선말기와 개화기 때 사대부가의 남자아이들이 쓰는 건의 일종. 복관과 비슷한 형태이나 검은색 바탕에 호랑이 얼굴 모양을 수놓는다.

서진이의 기동성

깊이 든 잠을 깨우니 울음소리가 천둥소리 같다
잠을 깨워 돌 사진 찍으려고
좋아하는 과자를 주어도 되지 않고
서진이를 잘 아는 할아버지도 감당하지 못하신다

잠이 깨자 저지레하고 기어다니는 게 번개 같다
이쪽 그릇에 손을 대는 것을 떼어 정리하고 보면
어느새 건너편 그릇을 엎어놓는다
안고 있으면 내려달라고 발버둥 친다
내려주고 기어가는 뒤를 따라가며 지켜야 한다
목표물에 달려들어 저지레를 하기 전에
서진이를 들어내는 것이 벅찬 일이다.

서진이 돌잡이

장수長壽, 등과登科, 부귀富貴가 전부여서
실, 연필, 돈으로 하던 돌잡이 물건이
청진기, 의사봉 등 돌잡이 물건도 많이 늘었다

이벤트 회사에서 보낸 돌잡이 도구 중에
아빠는 청진기를 먼저 잡기를 바라고
엄마는 판사봉을 먼저 잡기를 바라는데
가장 눈에 띄게 가장 잡기 쉬운 곳에
엄마가 판사봉을 두어 판사봉을 먼저 잡았다
뒤이어 다른 가족이 원하는 것을 바꾸어두었으나
판사봉을 잡고 두드리고는 실타래만 잡았다.

멀리 있는 손자

추석에 서진이가 왔다
은설이는 제 엄마 집에 있는 날보다
엄마 아빠와 같이 외가에 있는 날이 더 많아
외할머니의 보살핌을 많이 받는데
서진이는 일 년 동안 외가에 있는 날이 며칠 안 되어
외할머니는 서진이에게 미안하다고 한다
올 수 없어서 못 오는 딸에게 형평을 맞추려고
올 수 있는 딸을 오지 말라고 할 수 없으니
은설이를 돌보는 일이 많아진다
가까이 있는 딸이나 멀리 있는 딸이나
귀엽기는 마찬가진데
외할머니가 위급할 때
올 수 없는 딸에게 맞추려고
올 수 있는 딸이 오지 않는다면 참 이상하지 않은가.

외마디 화법

서진이가 쓰레기통에 손을 넣어 뒤진다
하나를 들고 입에 가져갈 것이다
안 돼, 안 돼*
데데데데*

서진이가 사다리를 건드린다
사다리가 넘어질지 모른다
안 돼!*
데!

*이모, 낮은 소리로 급하게 "안 돼, 안 돼."
*서진, 데데데데
*이모, 놀란 고함, "안 돼!"

돌쟁이 깊은 속생각

아– 주주 떠, 더, 으 · · ·
분주하게 팔을 치켜든다
팔로 가리키는 쪽에 가면 하나를 골라잡는다
어디에 쓰려는지 알 수 없다

혼자 어기적어기적 기어간다
텔레비전 리모컨을 잡고 들여다본다
어떤 뉴스를 찾는가 물어도 말이 없다

잡으려는 젓가락을 등 뒤로 감추면
등 뒤로 돌아간다
젓가락으로 술안주를 집을 것인가 물어도 말이 없다

구경꾼이 유적지를 둘러보는 것은
어떻게 생겼는지 궁금한 탓인데
돌쟁이가 이것저것 들여다보는 것은
그것으로 세상을 바꾸려고 하는 것이다

나도 돌쟁이 때 일을 생각 못 할 뿐이지
젓가락으로 세상을 마음대로 변화시키려고 했을 것이다
그 물건들이 무거워 들지 못해 높은 뜻을 이루지 못했지만
무엇이든 제대로 잡았으면 세상을 바꿀 수 있었음이 틀림없다.

선입견

싸우던 이종 동생 은설이 제집에 갔다
싸울 일 없고 모두 혼자 가져도
언덕에 홀로 선 한 포기 억새
외할아버지 외할머니가 같이 있어도
또래가 없다는 것은 쓸쓸하다

서진이 혼자 마루 한쪽에
우두커니 앉아 있어도
엄마 아빠가 방에 있으니
가엾지 않다

다투고 울어도
또래끼리 비벼대는 것이
쓸쓸하지 않게 길을 가는 지혜이고
처량하게 보여도
보이는 곳에 가족이 있는 것이
난관을 헤쳐가는 힘이다.

일상생활

서진이는 첫돌 지나고 은설이는 첫돌 앞둔 때 외가에서
은설이가 서진이를 빤히 보다가 오빠 뺨을 때렸다
서진이는 뺨을 맞고도 가만히 있다
은설이가 잡는 것은 무조건 양보하다가도
억센 힘으로 은설이 잡은 것을 뺏기도 한다
서진이는 따꺼따꺼따꺼, 어다다, 데데, 두두
은설이는 아꿍아꿍, 따꿍따꿍, 아궁아궁, 나궁나궁
싸우기도 하지만 서로 돕는 남매가 될 것이라고
마주 앉아 서로 다른 소리로 말을 주고받는다

엄마가 외할머니와 이모에게 보낸 스마트폰 소식에
서진이 두 번째 봄
할아버지께서 타신 앉은뱅이 스케이트를 못 끌고
할아버지께서 내린 빈 스케이트를 끌고 간다
서진이 두 번째 가을
할아버지 음성과 서진이 모습만 담았다
서진이가 방으로 달려와 침대에 뛰어오르다가
침대 가장자리에 허리를 걸쳤다
'힘 빠졌어. 허허허, 한 번 더, 빨리 갔다 와. 터치하고 와.'
서진이가 거실에서 달려와 침대 위에 뛰어올라 누웠다
'와! 됐다. 성공!'

제 5 부

큰아들(셋째)

다짐

가스통을 잠그듯 꼭꼭 가둔 입영 대기일
어느새 다 새나가고
아이는 천리 길 떠난다

아침에 나갔다 저녁에 오듯이
돌아오기를 기다리자
2년의 세월도 하루해다
괴롭고 배고픈 때가 하루 중 얼마나 되더냐
조금만 참으면 하루가 끝난다

아이가 앉았던 자리만큼 집이 넓어지고
아이가 쓰던 컴퓨터가 나의 전용이니 다행 아닌가
빈자리만 보지 말고
튼튼하게 견디고 있음을 믿으면
아이는 집에서 못 준 경험을 얻어 온다
밤이면, 오늘도 늦는구나
아침이면, 저녁에 오겠구나
오늘도 큰일을 배우고 있구나
저녁이 되기를 기다리자

때가 되면 아람이 벌어진다 했지
저녁에는 아이가 돌아온다.

입영장入營場 풍경

도깨비 거짓말에 지난밤을 뜬눈으로 새우고
미지의 불안에 핏빛 잃은 장정들이
병영의 강당을 향해
석양의 소 떼처럼 무리 지어 지평선을 넘는다
천리 길 흔들리며 올라온 엄마는
가물가물 멀어지는 아들의 뒷모습을 망연히 보기만 하고
엄마의 손수건은 흐느껴 운다

누구에게나
갈 길은 강 건너 아득히 뻗어 있다
가야 할 길을 따라
묵묵히 강을 건너건만
뽀얀 먼지 뒤로
돌아오지 못할 지평선을 넘는 듯,
낙엽 스산한 병영 오후
빈 마당이 아니어도 가슴을 저민다

헤어지기 전에는 엉킨 실타래같이
가까이, 멀리, 꼬이기도 하면서
수 없이 만나는 인생길
저녁을 믿고 웃음으로 아침마다 이별했는데
저녁이 있는데 웃음으로 오늘 오후 이별을 못 할 리 있느냐

하루만 참고 또 하루만 참으면
100일은 순간이다
다시 만나기를 신의 뜻에 맡길 때가
아직은 아님을
정녕 모르는가

- 자유문예 2006년 1~2월 호.

엄마 자리

집사람은
집을 나설 때 얼굴도 보이지 않았다
낮에 서너 번 아이와 나에게 전화가 왔다
아이가 연병장 강당으로 가는 것을 보고
돌아왔을 때
늦은 저녁 혼자 텔레비전 보는 얼굴 부어 있었다
고향 어머니 전화가
아이 입영을 묻기도 전에 눈물을 주르르 흘린다
나를 향해 눕던 사람이
아이의 빈방을 향해 잠이 든다

이튿날
울지 않더냐고 동서에게서 전화가 왔다
며칠 동안은 그럴 것이니 위로를 잘 해주라고
편지도 오고 휴가도 오니
처제도 아이 걱정을 더는 않더라고
지금은 그냥 위로만 하라고

사흘 굶은 시어미 화상에
돈지갑도 던져버린 사람
무슨 말을 붙여보란 말인가.

–햇살 드리워진 창가에 서서. 2007년. 도서출판 한솜.

아이는 가고 엄마가 포도를 먹는다

컴퓨터 앞에서 마지막 밤을 꼬박 새우고
이른 새벽 징병 나간 아이
아비를 닮아
무엇 하나 제대로 하는 것이 없는 아이

가는 아이 등을 보지 않으려고
엄마는 새벽에 집을 나서서
바쁜 듯 이집저집 돌아다녀도
징병 떠난 아이는 줄곧 따라다녔다
아이와 전화를 하고 있어도
아이는 바로 앞에 있었다

며칠이 지났건만
창고로 치워버린 아이의 신이
아직도 현관에 그림자처럼 붙어있다가
느닷없이 엄마를 부른다
새벽에 자리에 들어 온종일 잠만 자던 아이
라면에 인스턴트 퓨전 식품에 맥주만 찾던 아이
빈둥거리면서 운전면허 하나 따지도 않은 아이

포도 쟁반에 식구가 모여 앉으니
군에 간 아이를 불러오라 한다.

시민의 군대

군사우편 포장 박스에 아들의 옷이 들어있다
모양만 차곡차곡
버릴 듯 대충대충 개어 넣은 헌 옷
아들의 체취와 땀 냄새를 간직하고 있다

육군 인터넷에는 사진이 올려져 있다
새 훈련복에 훈련병 번호를 붙이고
건강한 아들들이 서 있다
빡빡 깎은 머리들이 나란히
겨우 일주일인데
가족들이 보고 싶다고 모여있다

사진이 없었으면 밤새 울었을 엄마는
눈물을 찔끔거린 것뿐인데
작은아들은 엄마가 운다고 웃고
사진 속의 큰아들은 웃으면서
엄마가 보고 싶다고 한다

입영일만이라도 장정들의 숙소 공개
한 장면뿐이지만 고해상도 인터넷 사진
깔끔한 군사 소포.
일본군의 잔재를 털어내고
대한민국도 멀고 먼
선진 인권국가로 들어서고 있다.

제 6 부

작은아들(막내)

전시장 수송기

생활관 앞 특전사 수송기
연기처럼 사라질 청춘을 싣고
6 · 25 때는 포탄 사이로 가쁘게 날았지만
지금은 아이들의 놀이터

프로펠러는 돌지 않고
조종간 계기도 멈췄으나
보꾹에 늘어선 철선 타래에는
칠흑 밤 적의 심장에 뛰어들어
폭약처럼 산화散華한 검은 베레모
엄마, 아빠!
마지막 임무를 수행합니다

몸으로 남기는 마지막 말
하늘로 뛰어 솟아 구름을 찬다*
검은 베레 가는 곳에 자유가 있다*

엄마 기도 듣지 못하고
푸른 별 하나 떨어진다.

*대한민국 특전사 군가 '검은 베레모'에서 인용. (박장웅 사, 황문평 곡)

점프

뛰어*
일만 이만 삼만 사만*
빛살같이 떨어지다가
8파운드 펼침 줄이 끊어진다
백장미*가 피어난다
꽃바람에 묻힌다

구름, 하늘, 나
낙하산 줄을 당겨
산 건너 강 건너 훨훨 날아라
시골 마을, 할머니 계시는 고향이다
높이 솟은 아파트, 엄마 아빠 집이다

줄을 잡아주고 놓아주고
에덴동산으로 바이칼 호수로
낯선 땅 찾아 나서려는데
할머니 저예요 자랑하려는데
황홀함도 잠깐
돌아오라 돌아오라
땅이 나를 부른다.

*뛰어: 교관의 강하명령.
*일만 이만 삼만 사만: 베레모 전사가 외치는 강하 수 셈. 낙하 동시에 복창을 시작하여 '사만'을 복창하면서 머리 위의 낙하산이 잘 펼쳐졌는지 쳐다보고 산개검사傘開檢査를 함.
*백장미: 펼쳐진 낙하산. 실제로는 보조낙하산을 칭하나 여기서는 주낙하산을 말한다.

토요일의 병영

높이 걸린 메뉴판에 글씨가 촘촘하다. 큰 글씨가 아빠의 시력을 비웃듯 머리를 쏙 내밀고 잔글씨가 아지랑이처럼 나부껴서 아빠가 아지랑이 잡으러 휘청휘청 메뉴판 밑으로 갈 때 메뉴판은 더 높이 올라가고 글자는 더 나부껴서 아빠의 걸음이 휘청거린다. 휘청거리는 두 다리, 저 두 다리가 밤낮으로 돌아다니며 돈을 주어 모았고 나는 그 돈으로 자라서 검은 베레모들의 스낵바에 왔다. 마주 앉은 엄마도 누나들도 소풍 나온 듯 평화롭지만, 잠시 후면 인생 교관의 '헤쳐모여' 명령으로 흩어졌다가 다시 모일 것인데 다시 모일 때가 언제일까? 엄마는 헤어져야 하는 아쉬움을 웃음으로 감추고, 누나 눈가에는 잔잔한 미련이 꿈틀거린다.

세상의 시계를 모두 정지시켰다. 그렇지 않으면 나만 터덜터덜 막사로 가야 한다. 부자가 열 걸음 가는 것보다 서민이 한 걸음 가는 것이 훨씬 어렵다면, 내 부모님이 한 번 찾아주는 사랑이 부잣집 아이들이 받는 사랑보다 열 배는 진하다. 시간아, 가더라도 지금은 굼벵이처럼 가고, 헤어진 뒤에는 총알처럼 가거라.

아침나절

풀잎에 햇살이 춤춘다
풀꽃에 나비 앉는다
햇살이 앉았던 길에
가벼운 걸음들 지나간다

그 길로 올 사람 있는데
꼭 있는데
남쪽에서
캠퍼스에서
팔랑팔랑 날아와
내 가슴에 앉아야 하는데

햇살 간지러울수록
내 가슴은 빈자리
언제라도 네 자리인데….

호기심

집에서 새는 바가지 밖에서도 샌다
풀어보고 뜯어봐야 직성이 풀리는 막내
직장에 가서도
쉬는 시간에 재고품을 뜯었다가
재조립 못 하고 쌓아놓는다

쉬는 시간에 쉬지 않고 일을 배우려는 마음
기술 습득이 취미이니
곧 자수성가할 거라고
막내가 자기를 닮았다고
사장님은 내 아이 자랑을 내게 했다

하프파이프*에서 인대 늘어나고
키커*에서 갈비뼈 금이 가고
출입금지 키커 건설장에서 팔이 부러져도
서프보드* 타러 가는 호기심이
포르노 누드 보는 아비의 호기심을 변호한다
아빠는 미적 감수성을 자극하는 시인이니까
부드럽고 아름다운 것을 창조해야 하니까
엄마가 알아야 한다고.

*half pipe: skateboard, snow · board 시설물.
*kicker: snow · board 시설물.
*surfboard: 파도타기 널 또는 서핑을 하다.

제 7 부

닫는 글

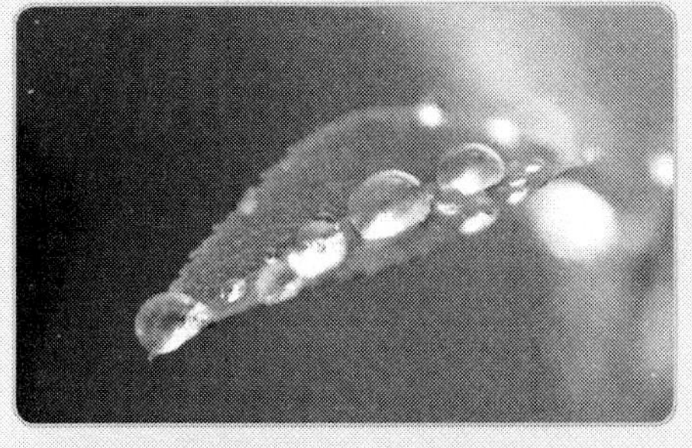

시집 '집사람' 발간에 붙여서

장 병 찬

며칠 전 한국 문단의 최고령이신 황금찬 시인의 신년하례와 시낭송회를 겸한 행사에 참석키 위해 상경한 이석락 시인과 함께 하룻밤을 지내게 됐다. 이때 시집 '집사람' 발간의 발문을 부탁한 메일을 왜 안 보았느냐고 한다. 며칠 동안 컴퓨터 앞에 가지 않은 게으름에 무안하기도 했지만, 순간 나는 아찔한 현기증 속에 휘말려 들어 고마움과 걱정의 갈등에서 번민하게 되었다.

"토라지고 체념하고 가난을 견뎌낸 37년 집사람 환갑일에 보석도 돈도 꾸며낼 말도 없어 이 시집을 드립니다."라는 이석락 시인의 제7시집 '집사람'은 이석락 시인이 부인 이순애 여사께 환갑 선물로 드리는 시집인지라 이의 발간은 뜻깊은 일이고 기쁜 일이고 축하할 일이다. 이 시인은 2005년 9월 자유문예 시부문에 등단하였고 그해 말에 나와 교분을 맺었으니 이제 십년지기가 되려는 나에게 시집 '집사람'의 발문을 쓰게 배려해준 것은 나를 아껴 주는 고마움과 함께 큰 영광의 꽃다발을 안겨주는 행복한 일이기도 하지만 중책을 짊어지게 되는 벅찬 일이 되어 태산 같은 걱정거리가 생겨났다.

해운대 백사장의 모래를 체로 쳐서라도 이석락 시인과 시집 '집사람'을 제대로 표현할 수 있는 활구活句*를 찾아내고 싶은 절박한 심정이 됨은 필자 자신의 글재주가 보잘것없는 초짜 문인임을 스스로 자학하는 셈이기도 하여 얼굴이 붉어지기도 하지만 그동안 쌓아 온 은근한 정분 앞에 머리를 숙이며 미진하고 부족한 식견으로 이석락 시인과 시집 '집사람'을 살펴보기로 한다.

여태껏 내가 지켜보고 느껴 온 이석락 시인에 대한 생각은 그의 약력에서 보는 바와 같이 박식하고 다재다능한 만능시인으로 통한다.

그는 신의 성실하고 의리를 중히 여기며 불의에 울분을 터뜨리는 정의감에 불타는 가슴이 뜨거운 시인이다. 그리고 잡초 냄새가 나고 퇴비 냄새가 나고 된장 냄새가 나고 생선 비린내가 오지게 나는 순수함을 지향하는 소박한 시인이다. 또 이슬 냄새가 나고 장미 향기가 나고 황토 냄새가 나고 참나무 연기 냄새가 묻은 자연 친화적인 멋을 풍기는 시인이다. 그는 정직을 목숨보다 더 귀히 여기고 어려운 삶을 개척하며 곧고 겸손하게 살아가는 다부진 생활인의 시인이다.

시집 '집사람'의 내용은 시집제목이 말하듯이 부인 이순애 여사를 중심으로 하여 큰딸 효정, 작은딸 은영, 큰아들 상현, 작은아들 상민을 화자로 등장시킨 이 시인의 가족을 한 폭의 그림으로 그려놓고 가족의 생성과 가족의 사랑과 가족의 우애와 혈육의 뜨거운 정을 진하게 읊은 정감 가는 시집이다. 1부 여는 글, 2부 집사람, 3부 큰딸, 4부 작은딸, 5부 큰아들, 6부 작은아들, 7부 닫는 글로 짜인 일곱 필의 비단 폭같이 보드랍고 매끄럽고 곱고 아름다운 멋 갈 나는 옥구슬 같은 시어들이 가득 찬 보물단지 같은 시집이다. 또 눈에 넣어도 아프지 않을 손자들의 재롱과 투정까지도 그대로 담아낸 때 묻지 않은 목화송이 같은 시가 독자의 마음마저 새하얗게 만들어 준다. 그리고 이 시인의 가족 모두가 일상을 살아가는 삶의 고동과 맥박의 숨결이 그대로 꿈틀대며 배어있는 삶의 수채화를 감상하는 즐거움을 주는 시집이다.

이 시집은 가족 각자의 삶을 밝히는 등불이 되어 끊임없이 가족 각자를 정제하는 맑은 거울을 만들어 내어 가족의 숙명적인 인연을 연결고리로 잇는 혈연의 뜨거운 사랑과 가슴 적시는 정이 개개인의 정겨운 빛깔의 꽃송이로 피어나지만, 이 꽃송이들이 한데 어우러져 멋진 조화의 꽃밭을 만들어 한결 격조 높은 서정의 우아한 향내를 발하는 지상낙원 같은 가정을 이루어 낸 다정다감하고 아름답고 화목한 가족상을 보는 듯하여 마음이 흐뭇하다.

이석락 시인의 제7 시집 '집사람'은 시인의 예리한 통찰력과 잘 익은 감성의 그물로 건어 올린 언어의 진품이지만 지성의 바탕에 고인 문학성이 옛날 앞마당에서 할아버지가 숫돌에 날카롭게 갈고 다듬은

번뜩이는 칼날을 보는 듯하고 이 시인 가족의 때 묻지 않은 순백한 사랑이 미학으로 스며들어 초심 같은 가족 사랑의 메아리가 진솔하고 순수한 시 울림이 되어 읽는 이로 하여 함께 사랑과 애환의 물결에 젖어드는 감동의 세계로 몰입하게 한다.

이 시인은 현재 활발한 문학 활동으로 한국 문단을 빛내고 있는 중진의 반열에 자리매김하고 있지만, 태백 자락을 타고 흘러내린 시냇물이 칠백 리 낙동강을 흘러 을숙도를 지나 큰 바다를 이루듯이 시인의 시심 또한 더 깊고 심오해져 한국 문단을 빛내는 큰 족적을 남기시기를 바라며 이 시인의 가정과 가족에게 희망의 서광이 비치고 햇살 따사로운 봄볕 같은 행복이 깃들어 자자손손 창대하게 번영하고 빛나는 영광 있기를 손 모아 기원한다.

2015년 1월 15일

*활구活句 : (1) 시문詩文 따위에서, 특히 생동生動하는 듯하여 돋보이는 글귀.
(2) 살아 있는 글귀, 시문詩文에서 잘 쓰인 글귀. 반대어 死句

· 아호 白火 · 경남 양산 출신,
· 부산상업고등학교 졸업, 경희대학교 경영학과 졸업.
· 진세교역(주) 대표이사 역임, 세기상사(주) 전무이사 역임.
· 한국생활문학회 시부문 등단, 자유문예 시부문 등단.
· 한국문인협회 회원, 한국생활문학회 자문위원.
· 문학의뜰작가협회 부회장, 한국여성볼링동우회 고문.
· 5인 시집: 그곳에 내가 있었네.

● 초대 시조

화두話頭

최 해 진

바람이 가는 것이 바람 탓 아닌 것을
물결이 가는 것도 물결 탓 아닌 것을
혼자서 알 수가 없어 묻고 묻고 또 묻고

–최해진 시조집 '까치집' 에서

· 큰딸 혼인식 주례 집전執典, 이석락 혼인식 때 사회 집전.
· 부산시조시인협회 신인상(2008년)으로 등단.
· 부산문인협회, 부산시조시인협회, 부산가톨릭문인협회 회원.
· 현) 동의대 명예교수, 동의대학교 경영대학원장 역임. 대한경영학회 회장 역임.
· 개인시집 '까지집'

● 초대 축사

시에 대하여

– 이석락 시인 시집출판 축사 –

정 혁

1990년 노벨문학상을 수상한 멕시코 시인 옥따비오 빠스는 그의 저서 〈활과 리라〉에서 시에 대해서 이렇게 설명하고 있습니다.

"시적 상상력은 현존을 발명하는 것이 아니라 발견하는 것이다. 파편과 분산 속에서 세계의 이미지를 발견하는 것, 하나 속에서 타자를 인지하는 것은 언어에서 은유의 능력을 되돌려주는 것이 될 것이다. 시란 타인들을 찾는 것이며 타자성을 발견하는 것이다."

참 어려운 말입니다. 쉽게 이해가 안 되는 말입니다.

그런가 하면 문학수업에서 주로 다루는 이야기 중 하나에 〈시를 쓰는 행위는 바위의 무게를 깃털 하나로 압축하는 일이다.〉 –이쯤 되면 이해가 갑니다.

바위 덩어리처럼 부피가 크고 무게가 나가는 시적 상상력들, 그리고 그를 설명할 수 있는 무수한 말들 중에서 가장 시적표현에 적합한 시어들을 고르고 압축하여 깃털과 같이 간결하게, 그리고 분명하게 표현하는 것이 시라는 것입니다.

그러기 위해서 시인들은 시어 하나하나를 두고 많은 고심을 하는 것입니다. 이런 고심 끝의 산고를 통해서 시 한 편이 창작이 되는 것이지요.

시인의 이런 행위를 잘 표현한 시 한 편을 소개해 드리겠습니다.

이길원(국제펜클럽 한국본부 부이사장) 시인의 시 중에 〈말 3–방귀〉라는 제목의 시가 있습니다. [문학과 창작 / 2007년 겨울호]에 문학평론가인 박영호 교수(협성대)의 '이길원의 시세계' 라는 특집에 실려 있는 시입니다.

–"시인들은 참 이상해. 별것도 아닌 걸 말을 꼬고 비틀어 무슨 큰 의미나 있는 듯 괜스리 심각하단 말야. 내가 이런 소리하면 당신 시인 친구들이 무식하다며 웃겠지"

수없이 우송되는 잡지와 시집 속에서 아내가 말한다. 그런가. 그랬구나. 나 또한 시인이라는 이름으로 얼마나 많은 말들을 비틀고 구부리며 고결한 모국어를 모독했나

방귀가 나온다
소리만 크다
시원하다 –

그런가 하면 [창작과 비평 2007년 겨울 호]에 보면 정희성이라는 시인이 시인본색 – 영웅본색이 아니고 시인본색이라는 시가 실려 있는데 그 내용은 이렇습니다.

– 누가 듣기 좋은 말을 한답시고 저런 학 같은 시인하고 살면 사는 게 다 시가 아니겠냐고 이 말을 듣고 속이 불편해진 마누라가 그 자리에서 내색은 못하고 집에 돌아와 혼자 구시렁거리는데 학 좋아 하네 지가 살아봤냐고 학은 무슨 학 닭이다 닭 닭 중에서도 오골계烏骨鷄! –

그렇습니다. 사람들의 생각이나 눈에는 시인이 멋들어진 학 같은 존재로 보일지 모르지만 실상 그 삶의 면모는 오골계와 같이 보인다는 것이 시인 아내의 푸념입니다.

그러나, 그러함에도 불구하고 세상의 온갖 탁한 먼지와 오염 속에서 오골계와 같은 삶을 살면서도 학 같이 아름다운, 품격 있는 글을 쓰는 것이 바로 시인이라고 할 수 있습니다.

그런 의미에서 오늘 〈내 발에 맞는 신이 없다〉라는 제목으로 시집을 출판하시는 이석락 시인님께 진심으로 축하를 드립니다.

이석락 시인님은 자유문예 초창기부터 부산, 경남지부장으로 수고하시면서 열심히 시를 쓰시는 분입니다. 심지가 굳으면서도 따뜻한 심성을 지니신 분이십니다. 등단 시인들 몇이서 5인 공동시집을 발간하였을 때 참여해 주신 것이 불과 1년 남짓한데, 다시 개인시집을 출판하시니 그 열심에 감탄이 절로 나옵니다.

시집 제목을 보니, 〈내 발에 맞는 신이 없다〉입니다.

저는 이 말씀을 드리는 이 시간까지 이석락 시인이 출판하는 이 시집 이름만 알았지 아직 시집은 구경도 못했습니다. 여기 와서 첫 표지도 제대로 읽어 보지를 못했습니다. 시평 하는 것이 아니니 그냥 축사만 하라는 것인지… 그래도 되는지 모르겠습니다.

어찌되었든 출판행사가 있으니 축사를 해 달라는 부탁을 받고 어젯밤 이 글을 작성하였는데, 작성하는 도중에 제가 최근에 읽었던 문예잡지 [시를 사랑하는 사람들 / 2008년 3-4월호. 통권 33호]에 단국대학교 문예창작과 교수로 계신 박덕규 시인이 '시와 상징' 이란 글에서 〈맞지 않는 구두〉에 대한 이야기를 한 것이 생각이 나서 다시 찾아보았습니다. 우연의 일치인지는 몰라도 시집 제목과 좋은 대비가 될 것 같아서 여기에 몇 부분을 인용해 보고자 합니다.

-내 발은 크지 않다. 나는 그렇게 생각하는데. 그것은 내 큰 키와 큰 몸집에서 얻어진 나의 잣대로 보았을 때 그렇다는 것일 뿐, 실제 내 발은 서양 사람들 앞에 내놓아도 큰 축에 끼일 것임에 틀림없을 터이다.

그렇다 해도 맞춤 신발을 신어야 할 정도의 크기는 아닌 내 발은, 한편으로는 발등이 높고 발의 폭도 넓다. 그런대로 치수가 맞다고 냉큼 샀다가는 영락없이 발등이 아파오고 발가락이 조여와 견딜 수 없어진다. … 발등이 편하다 싶으면 발뒤꿈치 쪽이 헐거워 걸을 때 들썩들썩 발이 들려지기 일쑤다. … 입 벌린 내 구두를 보면 짜증이 난다. … 그 벌린 입은 마치 잘못 만들어진 몸으로 그 잘못 만들어진 것을 감추고 남보다 더 멀쩡한 양 살려고 아등바등대는 내 욕망을 보여 주고 있는 듯하다. 그 벌린 입은 마치 능력도 없으면서 탐욕스럽게 남보다 많이 챙겨 먹으려는 내 욕심을 드러내주는 것 같다. 저 아가리! 게다가 퀴퀴한 냄새까지 풍기는 저…!

–중략–

무릇 상징이란 이렇게 얻어지는 것이 아닐까. 그리고 문학에서의 상징도 어쩌면 이런 과정의 연장에서 생겨나 원래의 말보다 더 큰 의미망을 거느리게 되지 않을까. 하나의 상황으로써 전체를 반영하고 집약시키는, 전혀 엉뚱한 일처럼 보이는 사소하기 짝이 없는 어떤 일로써 인간사의 비밀을 다 말해주는, 그런 문학의 힘은 이런 상징에 의해 얻어지는 게 아닐까. 내게 있어 원래 구두라는 이름의 상징은 나→발→구두의 전이과정을 통해 얻어진 것이지만, 이제 '구두'라는 상징기호만으로 내 발, 내 몸을 넘어서 내 모든 것, 나의 세계와의 관련의 모든 것, 나아가 인간과 세계와의 관련의 모든 것을 내포할 수 있지 않은가. –

이상으로 박덕규 교수가 발에 맞지 않는 '구두'를 소재로 한 〈시와 상징〉이란 글의 부분을 발췌하여 소개해 드림으로 이석락 시인의 시집 〈내 발에 맞는 신이 없다〉와 어떤 연결고리가 없을까 하는 생각을 해 보았습니다.

한편 박덕규 시인은 이 글의 중간에 구두에 대한 시 한 편을 소개하고 있어서 저도 여기에 재인용해 봅니다.

–헌 구두를 내려다보며 탄식함

세상이 만들어 낸 많은 신발들 속에서
나는 우연히 내 것이 되었던 몇 켤레의 신발들을 신고 이곳까지 왔다
그 중에는 아주 내 맘에 드는 것도 있었지만
지금은 기억조차 나지 않는 신발들이 대부분이었다
그 신발들은 쉽게 닳았으며 결국은 헌신짝처럼 버려졌다

나는 지금 내가 신고 있는 구두를 내려다본다
이 구두는 지나치게 낡았다
나의 험한 발걸음이 이 구두의 여린 몸을 망쳐 놓은 것이다
오 용서해 다오, 나를 만나는 게 아니었던 불운한 구두여
이 구두도 이제 버려질 때가 된 것이다
그런데, 이렇게 무수한 신발들의 순결을 짓밟고 내가 당도한 이곳은 어디인가
나의 발걸음을 도왔던 청춘의 갖가지 신발들이여
그토록 힘들여 나를 데려다 놓은 곳이 고작 이곳이란 말인가
이곳 역시 잘못 든 길에 불과하다
하지만 어떻게 해야 한단 말인가?
여기까지 오는데 그렇게 많은 신발들을 신고 버려야 했던 것처럼
이곳을 빠져나가기 위해 나는 또 그렇게 많은 신발들을 신고 벼려야 하는 것이다.
이선영 시집 [오, 가엾은 비늣갑들] (세계사, 1992)-

이상으로 축사를 대신하여 몇 편의 시와 또 관련된 글들을 소개하였지만 시인에게 맞지 않는 것이 어찌 신발뿐이겠습니까? 맞지 않는 것이 수없이 많이 있지만, 그래서 시인으로 살아가는 것이 힘들고 어렵기도 하지만 맞지 않는 것에 맞추어 살려다 보니, 그래서 결국 오골계처럼 살 수밖에 없지만, 그런 속에서도 학처럼 살기 위해 몸부림친 결과가 한 편의 시가 되고 한 편의 글이 되는 것이 아닌가 생각을 해 봅니다.

시인께서 맞지 않는 신발을 신고 살아오는 동안 그로 인해 얼마나 많은 불편이 따랐겠습니까? 그로 인해 얼마나 많이 발이 부르트고 물집이 생겼겠습니까?

그것이 바로 이석락 시인님께서 지금까지 살아오신 삶의 한 면모인지 모르겠습니다마는 그런 삶의 불편을 감수하면서, 어려움을 인내하

면서 한 편의 시를 만들고 다듬으며 살아오신 그 창작의 결실로 또 한 권의 시집을 상재하게 되었다는 것에 대해 진심으로 축하를 드립니다.

끝으로 라이너 마리아 릴케가 한 말 한 마디 "사무치는 시를 써라. 또 쓰지 않으면 죽을 수밖에 없을 때 시를 써라."는 말씀을 드리면서 축하의 말씀을 대신합니다.

2008. 9. 6.

素泉 정 혁

· 작은딸 혼인식 주례 집전執典.
· 아호: 素泉.
·「자유문예」시와 소설 등단,「생활문학」시부문 등단.
· 자유문예작가협회 회장, 한국생활문학회 이사 겸 편집위원.
· 감리교문인회 감사.
· 한국문인협회 회원, 감리교 목사, 감리교신학대학교 총무처장 역임.
· 5인 시집: 그곳에 내가 있었네.

● 초대 작품해설

친화력의 힘

오 봉 옥

작년 초. 나에게는 이석락의 작품을 살펴볼 기회가 있었다. 격월간 문예지 『자유문예』에서 시선집을 발간하는데 해설을 부탁하는 자리였다. 난 그때 이석락의 〈밤비〉와 〈노인병동의 밤〉에 대하여 다음과 같은 의견을 제시한 바 있다. 그 의견은 아직도 유효하고, 이 시집을 이해하는 데에도 유익한 일이니 조금 길지만 머릿글 삼아 인용해보기로 한다.

가랑비야 내려라
담쟁이 잎에 이슬 걷힐라
한 이틀 내려라
잎새마다 무지개로 반짝이면
이슬방울 안에 고향이 있다

가랑비야 내려라
감나무 가지에 이슬 걷힐라
한 이틀 내려라
가지마다 별이 반짝이면
이슬방울 안에 들어가리라
하늘나라 형도 누나도
이슬방울 안

가랑비야 내려라
이슬방울 속에

장에 가는 엄마가 있다
장날까지 내려라
누나 꼬드겨
엄마 몰래 장에 따라갈거야
–〈밤비〉 전문

병상의 외로움이 내일의 자기 몫임을 알면서도
어미의 등을 갉아먹은 새끼 거미들이
모처럼 방학이니 제 새끼 늦잠 소원 들어줘야 한다고
수음하다 들킨 낭패스런 웃음을 흘리면서
모래톱에 잦아드는 물처럼 사라지면
어둠 속에
저승의 집합 나팔 소리가 해일되어 밀려온다
–〈노인병동의 밤〉 중에서

〈밤비〉는 동요 같은 동시, 동시 같은 동요이다. 한국시의 흐름이 '노래시' 보다는 '이야기시' 중심으로 흘러온 감이 있어서, 노래시로서의 전통은 사라지고 생경한 이야기들만이 넘쳐나는 듯해서 반갑게만 느껴진다.

이 시는 동일 통사구조의 반복에 의해 리듬감이 형성되고 있다. 1연과 2연은 동일한 문장 구조가 반복 배치되어 있고, 모든 연의 첫 행은 동일 시행으로 되어있다. 다시 말해 동일 통사구조 속에서 유쾌한 말놀이, 쓸모 있는 말놀이를 하고 있는 것이 이 시인 셈이다. 일반적으로 가락을 잘 타면 시의 밀도가 떨어지기 쉽다고 한다. 가락을 잘 타는 시는 대체적으로 반복의 기법을 사용하고 있고, 반복은 내용을 제한시키게 된다는 점에서 흔히들 그렇게 지적하는 것이다. 하지만 이 시는 반복의 변주를 통해 단순반복의 느낌도 피하면서 내용상 밀도를 끌어올리고 있다.

물–이 시에서는 그것이 이슬방울과 빗방울로 드러난다–의 이미지는 흡수의 이미지가 있어서 '고향' 또는 '하늘나라 형'과 '누나', 그리고 '엄마'의 존재를 떠올리는 것이 자연스럽게 연결된다. 그와 함께 이 시의 미덕은 그리움의 정서를 어린아이의 시각을 빌려 구어체로 드러낸 것에 있다. 마지막 두 행이 그것이다. 반면 〈노인병동의 밤〉은 이석락이 얼마나 관찰력이 뛰어난 시인인지, 현실을 또 얼마나 생동하게 반영해 낼 수 있는 시인인지에 대해 유감없이 보여준다. '노인병동'의 쓸쓸한 풍경을 '벗어둔 양말 냄새 같은 어둠'으로 표현한 대목, '병상'을 찾은 가족들의 이중적인 모습을 '수음하다 들킨 낭패스런 웃음을 흘리면서' 사라져갔다고 표현한 대목, '노인병동'에 있는 '노인'들의 삶을 '살려니 새끼의 길을 막고/ 죽으려니 이승이 아쉬운,/ 새끼에게 등을 파 먹힌/ 어미 거미들의 사위어가는 불씨'로 표현한 대목 등은 시인의 뛰어난 관찰력을 증거하는 부분이 된다. 〈밤비〉나 〈노인병동의 밤〉 등은 이번 시집의 수작이다.

내가 이렇게 극찬을 한 이유는 시의 기량도 기량이러니와 그가 살아온 삶의 이력이며 문학을 대하는 태도가 남달라서였다. 그는 시공부를 한 적이 없다. 중고등학교 시절에 문예반 활동을 하였다고 하나 그것은 40년 전 쯤의 까마득한 일일 뿐이고, 직장 생활에 매몰되다보니 시를 접할 기회조차 없었다. 그가 시를 다시 접하게 된 계기는 아이러니하게도 아이엠 에프가 안겨준 '명예퇴직'이라는 불행 때문이었다. 명예퇴직하여 시간이 많고 걱정도 많아서 여기저기 돌아다니다 보니 인터넷 시카페인 〈너에게로 가는 카페〉를 만나게 되었고, 거기에 한숨 같은 시들을 토해놓고 보니 뭔가 후련하기도 하고, 시를 본 사람들의 반응도 나름 재미가 있어서 서서히 자신도 모르는 사이에 빠져든 것이었다. 이석락이 이순의 나이에 문단의 정상적인 통로가 아닌 인터넷 카페에서 시작활동을 시작했고, 거기서 진흙 속의 진주처럼 발견된 것은 자못 흥미를 자아낸다.

우리 시대 일급의 시인들이 커 온 경로를 보면 그 어떤 부정적 의미의 공통성을 지니는 경우가 많다. 도제徒弟제도 하에서 길러졌다든지,

그래서 그 어떤 파벌에 진입하여 비평적 조명을 받기 시작했다든지, 중앙 문단에서의 沈飮침음과 교유 과정 속에서 자기 영역을 넓혀왔다든지, 그것도 아니라면 학연과 지연과 혈연이라도 찾아 그 어떤 끈끈한 정을 과시하며 이름을 알리기 시작했다든지 등등. 하지만 이석락은 아파트 관리소장을 하면서 서로 간 이름도 얼굴도 모르는 채 활동을 하기 마련인 인터넷 카페라는 공간에서 시를 발표하기 시작했고, 거기서 소수의 독자들을 대상으로 자신의 음역音域을 개척해왔을 뿐이다. 그것은 1990년대 이후 뒤늦게 현장에서 발굴되어 우리 시문학사를 빛낸 김신용, 문인수, 이덕규, 유홍준 등의 시인들과 궤를 같이 한다. 아니 이석락은 그들보다 더 늦게 이순을 접어든 시점에서 오랜 시간의 파장과 무늬를 한 곳에 모아 첫 시집을 펼친다.

이석락의 많은 시편들은 〈밤비〉와 같이 우리에게 익숙한 내용과 가락으로 편안하게 다가온다. 그간 우리가 보아왔던 서정시의 익숙한 형식, 자연스러운 흐름에 걸맞게 덧칠해진 친숙한 표현들이 스며들듯이 다가오는 것이다.

철쭉꽃 지던 산등성이 너머로
아지랑이 데리고 봄이 갔다
황사는 데려가도
아지랑이는 남겨둘 것이지

장미꽃 피는 동안만이라도 기억해 달라고
장미를 피워놓고
떠나는 봄에게

아득한 옛날
아카시아 꽃 필 때 떠난
봄처녀 보내달라고
나도 손 흔들며 부탁했다

어느 때라도 좋다고
가을이면 어떠냐고
겨울이면 어떠냐고
–〈부탁〉 전문

이 시 역시 하등 어려울 게 없는 표현들과 물 흐르듯 흘러가는 익숙한 형식으로 이루어져 있다. '봄처녀'를 향한 막연한 그리움이 표출된 이 시 역시 하등 새로울 게 없는 형식과 내용임에도 불구하고 우리를 젖어들게 하고 움직이게 한다. 저마다 상실과 이산의 아픔을 간직하고 있는 우리들로서는 화자가 '봄처녀'를 그리워한다고 했을 때에 우리 자신 역시 우리가 잃어버렸던 그 순수했던 어린 시절의 한 순간으로 돌아가지 않을 수 없는 것이다. 이와 같이 이 시 역시 〈봄비〉와 마찬가지로 우리의 시적 감수성에 익숙하며, 우리들이 좋은 시라고 생각하고 있는 그 어떤 시적 원형질, 너무도 자연스럽게 젖어들게 하고 흥얼거리게 하는 식의 그 어떤 마력과도 같은 '익숙한 힘'을 지니고 있다. 그가 쓴 사랑의 시편들 역시 예외가 아니다. 어찌 보면 구체가 결여된 막연한 그리움을 노래하고 있기에 감동의 전달력이 그만큼 취약하고, '사랑'을 주제로 한 수많은 시편들이 그러하듯이 그 어떤 상투적인 틀과 표현들 때문에 자칫 진부하게 느껴질 법하지만 이석락의 시편들은 그런 우려에서 보기 좋게 비켜간다.

가을 산이 붉은 것은
그대 내 사랑 알아달라고
봄부터 칠해왔기 때문입니다

사랑하는 마음이 파란 줄 알고 파랗게 칠했지요
사랑하는 마음이 노란 줄 알고 노랗게 칠했지요
이제 사랑이 붉은 줄 알고 붉게 칠합니다
물감이 모자라면

심장을 열어 칠합니다

저 산이 붉어지면
내 마음이 그렇게 물들었다 생각하세요
저 산에 붉은 빛이 사라지면
내 그댈 기다리다 몸져누운 줄 아세요
저 산에 바람 소리 힘겨우면
붉은 사랑의
마지막 숨소리인 줄 아세요.

–〈사랑의 색〉 전문

빨간 불, 노란 불
산자락, 쌓인 눈 밑에
불씨 하나 숨겼다가
이른 봄, 산기슭에
다시 지펴라
사랑만 태울 일이 아니다
좁은 가슴 꽉 메운
그리움까지 활활 태워라.

–〈밤비가 사랑을 쓸어갔다〉 중에서

〈사랑의 색〉에서 화자가 서있는 곳은 '가을 산' 밑이다. 화자는 지금 그리움의 대상인 '그대'를 떠올리며 상념에 젖어있다. 1연은 '그대'를 향한 지고지순한 감정을, 2연은 화자에게 절대적 존재인 '그대'를 향해 동심적 심상을, 3연은 '그대'를 향한 애절한 심상을 표현하고 있다. 〈밤비가 사랑을 쓸어갔다〉 역시 화자가 서있는 곳은 '가을 산' 밑이다. 그런데 '산마루에 불을 놓은 가을'은 밤비에 의해 쓸려 내려가고, 바람에 의해 떨어져 황량한 가지만을 남긴다. 이 순간 화자는 완전한 의미에서의 소생과 부활을 갈망한다. '이른 봄, 산기슭'에서 다시 지피게 될 '불'은 '그리움까지 활활 태운' 화자의 심상과 '밤비'와 '바람'에 의해 휩쓸려간 '사랑'이 합일되어 피어날 '완전한 의미에서의 소생과 부활'이다. 다시 말해 사랑의 대상인 '그대'와 '나'는 상상 속에서나마 합일되어 소생하고 부활하는 것이다. 이 두 편의 시에서도 우리가 주목할 만한 일은 3음보 4음보를 자유롭게 혼용하여 만든 유려한 리듬감에 있다. 이석락의 시는 시의 리듬을 위해 상당한 배려를 하고 있음을 확인하게 된다. 김억이나 소월로부터 시작된 자유시의 민요조 가락이 이석락으로까지 면면이 이어져 옴을 확인하게 되고, 그 낯익은 형식의 선 위에 낯익은 정서를 펼쳐놓아 송신자와 수신자 사이에 넓은 공감대를 형성케 하는 것을 확인하게 되는 것이다. 이석락이 보여주는 '익숙한 서정시'의 형식이 독자들에게 자칫 진부하고 단순하게 전달될 수도 있는 바, 그것을 보기 좋게 넘어서는 것은 세상을 바라보는 그의 날카로운 시선이 안받침되기 때문이고 시의 화폭에 담겨진 형상이 리얼리티를 획득하고 있기 때문이다.

밑가지가 잘려 키만 큰 소나무들은
빌딩에 싸여 산을 볼 수 없다
뿌리를 적셔주던 빗물까지 시멘트 바닥에 끊기고
하늘 향해 춤추던 팔들은
전지가위에 접시처럼 납작하게 깎였다
매연에 소음에 온갖 놀랄 일을
나이테로 휘감아 가라앉히고
어제처럼 앓으며 오늘을 견디고 있다
-〈도시 사람〉 중에서

시빌레가
천년 수명에 젊음까지 요구했다면

짝을 이루지 못하는 고통을 받았을 것이다
저승까지 가는 거래는 공평한데
이 세상에서는 거래가 청산되지 않는다
(중략)
마음 가난한 천민은 첫새벽에 일어나
양귀비 첩들과 늦잠 자는
부자의 아침을 짓는다.
-〈콩 심은 데 팥〉 중에서

〈도시 사람〉은 문명의 폐해를 '전지가위'로 잘 정리된 '소나무'를 통해 적나라하게 보여준다. 1990년대 이후 우리 시단은 환경과 관련해 삶의 위기가 현실로 나타나면서 이를 주제로 한 '생태시'들을 양산하기 시작했다. '생태시'들의 범람은 개발의 명제 아래 주위 환경을 초토화시키면서 살아온 우리네 근대 이후의 삶에 대해 전면적인 반성의 계기를 만들었다는 점에서 매우 긍정적 역할을 했다. 하지만 이는 한편으로 철학적 바탕 없이 하나의 유행사조처럼 소재 중심의 시 쓰기를 한 시인들이 많았다는 점에서 아쉬움을 갖게 했다. 이석락의 〈도시 사람〉은 딱히 생태시라고 할 수 없을 정도로 '도시 사람'으로서의 자신의 삶을 '소나무'에 투영시키고 있다. 화자는 지금 건물 안에서 '접시 돌리기를 하다 말고' 전지가위로 '접시처럼' 잘 깎인 소나무를 내려다보고 있다. 그 '소나무'는 손발이 잘리어진 채 도시 한가운데 서 있다. 그가 보고자 하는 '산'을 볼 수 없고, '매연과 소음'에 숨이 막혀 하루하루를 견디고 있다.

거기서 우리는 화자의 심상을 읽어낸다. 화자 역시 '소나무'와 마찬가지로 도시 한가운데 갇혀 답답해 하고 있으며 그런 점에서 이 시는 일상을 탈출하고자 하는 욕구를 보여준다는 것, 도시의 삶은 화자의 꿈-산-을 결코 실현해줄 수 없다는 점이다. 도시 생활을 하는 화자의 삶과 함께 이 시는 문명의 폐헤 역시 '소나무'의 형상을 통해 자연스레 드러낸다. 이렇듯이 이석락의 시는 그 어떤 유행 사조에 휩쓸려 시를 쓰는 것이 아니라 자신의 삶을 드러내기 위해 자연스레 생태학적 상상력을 발동시키고 있음을 확인하게 된다. 〈콩 심은 데 팥〉 역시 물질문명의 사회를 비판하고 있는 시이다. 물질문명의 사회는 욕망으로 가득한 사회이다.

그 욕망은 '남의 재물' 을 빼앗고, '내친김에 명예까지 가로채려는' 악한 마음으로 이어진다. 욕망은 차별을 낳고, 차별은 다시 고통과 풍자와 혁명을 낳는다. 물질문명의 사회에서 '천민들' 이 '부자들' 을 위해 '아침밥' 을 짓는 행위야말로 고통이요, 그런 고통의 현실을 '콩 심은 데 팥' 나는 세상이라고 말하는 것이야말로 풍자이며, 그것은 곧 그 어떤 혁명의 정신으로 나아갈지도 모른다. 이 시는 물질문명의 사회가 추구하는 욕망의 실체에 대해 '시빌레' 신화를 통해 드러내고 있다. 화자는 '시빌레' 신화를 통해 물질문명 사회의 종말에 대해 경고한다. 그것은 예언 능력을 가진 '시빌레' 가 '천년 수명에 젊음' 까지 요구했을 경우의 가정을 전제하여 '짝을 이루지 못하는 고통을 받았을 것' 으로 드러낸다. 이렇듯이 이석락의 시편에는 신화의 흔적이 깊이 침윤되어 있고, 그 신화적 상상력이 여러 시편들에 직간접적으로 드러나는 것을 알 수 있다.

어느 시인이 반평생을 지나서 자기 신을 찾았다 했는데
나는 지천명을 다하도록 찾지 못했다

너무 커서 벗겨지고
발이 아파 벗어던지고
맨발로 서성이기도 했는데
맨발로 걸을 수 있는 길은 없었다

도량을 건너뛸 때 벗겨지고
뒤꿈치와 발가락 마디에 물집이 생겨도
맞지 않는 신 덕에 먼 길을 갈 수 있었다

신이 없어도 되는 세상이 있는 줄을 몰라
신을 신고도 신을 찾아 나서지만
지금도 이상한 신을 신고
비뚤비뚤 갸우뚱갸우뚱
외줄 위의 곡예사처럼 걷는다

신과 발이 맞는 사람이 휘적휘적 걸어간 길을
어기적어기적 따라가도
그는 앞선 곳에서
나는 뒷선 곳에서
해가 지면
별을 보고 눕는다.
–〈내 발에 맞는 신이 없다〉 전문

이 시 역시 신화가 맞닿아 있다. '신이 없어도 되는 세상' 은 심우도의 인우구망人牛俱忘과 반본환원返本還源의 단계를 연상케 한다. 즉 인간 본래 자리인 물物을 버려 공空의 세계에 도달한 순간, 아무 번뇌가 없어 산은 산대로 물은 물대로 보게 되는 지점이 바로 그것일 터이다. 마찬가지로 '신을 신고도 신을 찾아나서는 순간' 은 그 어떤 깨달음을 얻기 전의 상태를 자연스레 떠올리게 된다. 표제시이기도 한 이 시는 제목이 시사하는 바와 같이 세상과의 불화를 이야기하고 있다.

'신을 신고도 신을 찾아 나서고 있다' 는 자각, '이상한 신' 을 신고 살아가는 게 인생인 것 같다는 자각, '신과 발이 맞는 사람' 이나 신과 발이 맞지 않는 사람이나 '해가 지면 별을 보고 눕는 건' 마찬가지라는 자각이 우리로 하여금 많은 것을 생각게 한다. '신과 발이 맞는 사람' 이 얼마나 있을 것인가. '신과 발이 맞는 사람' 이라고 해도 그것을 모르고 헛된 욕망에 사로잡혀 있는 게 인간이 아닐런지. '이상한 신' 을 신고 '외줄 위의 곡예사' 처럼 걷는 것 역시 이석락 시인만의 일은 아닐 터. 이석락은 〈정리해고〉라는 시에서도 '외줄 위에서 바동거리는' 자신을 묘사한다.

그러면서 '곡예사'는 결코 '외줄을 벗어나지 못할 것'이라는 사실, 외줄 위에서 '묵은 파김치'가 되어 그 누구에게도 '저주할 힘'을 갖지 못할 것이라는 사실, 더욱이나 그런 자신을 봐줄 만한 사람이 하나도 없다는 사실을 자각하면서 절망에 사로잡힌다. 그것이 '정리해고'라는 현실이고 인생이라는 것. 이렇듯이 이석락의 시는 세계와 끝없는 불화를 겪을 수밖에 없는 정황을 통해 우리를 불편하게 하고, 그 어떤 상실된 세계를 그리워함으로써 우리를 애절함으로 몰고 가고, 물질문명의 폐해를 적나라하게 드러냄으로써 우리를 다시금 자각하게 하고, 모든 풍경을 자신의 삶이라는 필터를 통해 드러냄으로써 우리 모두를 동화시킨다.

이석락의 시들은 남다른 친화력을 행사하면서 우리에게 다가온다. 그의 시들이 많은 사람들의 공감을 얻게 될 것이라는 믿음 역시 거기에서 기인한다. 다만 한 가지, 그 '남다른 친화력'이 자신에게는 글을 쓰는 데 상투로 작용할 수 있고, 읽는 이에게는 또 지나친 단순화로 읽혀질 수도 있음을 유념해 주기 바란다. 그런 점에서 차제에 이석락 시인의 '발'에만 맞는 '신'을 찾아 먼 길을 나서볼 것도 권유하는 바이다. 오랜만에 만난 이 좋은 시집이 우리 시의 지평을 넓히는 데 기여했으면 한다.

*오봉옥 교수는 고은 시인의 제자임. 서울디지털대학교 부총재 겸 문예창작과 교수.

*자유문예 시선집은 장병찬, 정혁, 이석락, 엄치현, 김종건의 작품 중에서 뽑아 엮은 시집 '그곳에 내가 있었네'.

자손에게 전하는 가계

星山李氏 34世 錫洛 家系
星山李氏世譜(戊子譜 2008년)

시조: 能一.

파: 仁州公派-경주 육통 鳳菴公派.

33세 鍾大의 작은아들, 4남매 중 막내.

모: 丹城文氏 有粲의 큰딸 胃回.

배: 星州李氏 順愛.

자녀: 曉楨(夫 羅州丁氏 晧榮)

恩英(夫 密陽朴氏 根永)

相泫

相旻.

손: 정은설(손녀)

박서진(손).

형제자매(34세): 淸洛(配 平海黃氏),

順蘭(姊. 夫 務安朴氏 鏜根),

貞順(姊. 夫 海州禹氏 海東)

조카(35세): 相杰, 宣花(女), 宣京(女)

생질: 무안박씨 춘식(女), 文秀, 춘희(女), 文善(현수), 춘경(女), 哲秀.

해주우씨: 昌洙

星州李氏 順愛 家系

시조: 純由, 중시조 兆年,
중시조로부터 26세 在業의 맏이(27세)
盆城裵氏 善國 외손

형제자매: 順得(夫 수원백씨),
炳鎬(배 김해김씨),
仁鎬(배 김해김씨)

조카: 예린(炳鎬 女), 예원(炳鎬 女), 태균(仁鎬 子),

생질: 나진(女), 나리(女), 승원